SKYTHEN
SARMATEN
ALANEN
ROXOLANEN
Mare Caspium
Olbia
REGNUM BOSPORI
Panticapaeum
Theodosia
Tyras
Dacia
Troesmis
Chersonesus
Dioscurias
Kaukasus
Albana
Colchis
Iberia
Albania
Viminacium
Danuvius (Donau)
Tomi
Durostorum
Pontus Euxinus
Phasis (Sebastropol)
Oescus
Novae
Odessos
Mesembria
Apollonia
Serdica
THRACIA
Philippopolis
BITHYNIA ET PONTUS
Sinope
Trapezunt
Armavira
Artaxata
Armenia
Amasia
Nicopolis
Heraclea
Byzantium
Nicomedia
Nicaea
Zela
Ancyra
CAPPADOCIA
Tigranocerta
Gazaca
Thessalonice
Lemnos
Alexandria-Troas
GALATIA
Melitene
Amida
Mare Aegaeum
Pergamum
Lesbos
ASIA
Caesarea
Commagene
Samosata
Nisibis
Arbela
Edessa
Actium
Sardes
LYCAONIA
PARTHERREICH
Euboea
Chios
Ephesus
Laodicea
Iconium
Tarsus
Nicephorium
Athenae
Canja
Miletus
ACHAIA
PISIDIA
CILICIA
Antiochia
Tigris
Apamea
SYRIA
Dura Europos
Mesopotamia
Rhodos
Salamis
Emesa
Ktesiphon
CYPRUS
Tripolis
Berytus
Palmyra
Euphrat
Heliopolis(-Baalbek)
Babylon
CRETA
Cnossus
Damascus
Tyrus
Mare Internum
JUDAEA
Hierosolyma
Apollonia
Cyrene
Gaza
ARABIA
Pelusium
Alexandria
Sais
Petra
CYRENE
Aelana
Memphis
NABATÄER
AEGYPTUS
ARABER
Hermupolis
Sinus Arabicus (Rotes Meer)
Ptolemais
Nilus (Nil)
Thebae
0 100 200 300 km

GÜNTHER MOOSBAUER

DIE VERGESSENE RÖMERSCHLACHT

Eckhard Heins
(gelesen vom 10.-14.12. 2018)

GÜNTHER MOOSBAUER

DIE VERGESSENE RÖMERSCHLACHT

Der sensationelle Fund am Harzhorn

C.H.BECK

Mit 27 Abbildungen und Karten

Satz: Fotosatz Amann, Memmingen
Druck und Bindung: GGP Media GmbH, Pößneck
Umschlaggestaltung: Geviert, Grafik & Typografie, Michaela Kneißl
Umschlagabbildung: Statuette eines germanischen Reiters;
© Römerkastell Saalburg, Bad Homburg. Wald: © shutterstock
Gedruckt auf säurefreiem, alterungsbeständigem Papier
(hergestellt aus chlorfrei gebleichtem Zellstoff)
Printed in Germany
ISBN 978 3 406 72489 3

www.chbeck.de

INHALT

KAPITEL 1

VORGESCHICHTE

DUNKLE WOLKEN

Der griechische Autor Appianos von Alexandria wurde Augenzeuge eines Geschehens, das in der politischen Situation Mitte des 2. Jahrhunderts n. Chr. und für die weitere Entwicklung des Römischen Reiches wegweisend war. In der Vorrede seiner *Römischen Geschichte* schreibt er darüber: «Als Gebieter über die besten Teile von Land und Meer wollen sie [die Römer] aber, im Ganzen gesehen, doch lieber durch Klugheit ihren Besitzstand mehren als ihre Herrschaft ins Grenzenlose auszudehnen, über bettelarme, keinen Gewinn bringende Barbarenverbände, von denen ich in Rom einige zu Gesicht bekam; dort boten sie sich durch ihre Gesandten als Untertanen an, wurden jedoch vom Kaiser als Menschen abgewiesen, die ihm keinerlei Nutzen bringen könnten.» (Appian, *Praefatio* 7,26 – Übersetzung nach Veh). Was er damals erlebt hat, trug sich um 150 n. Chr. in Rom am Hof des Kaisers Antoninus Pius (138–161) zu. Damals boten barbarische Stämme aus dem Vorfeld der römischen Grenzen entlang der mittleren und unteren Donau freiwillig an, sich den Römern zu unterwerfen – ein Angebot, das der Herrscher zurückwies.

In dieser Zeit hatten erste Bewegungen germanischer Verbände im Barbaricum die dortigen Stämme militärisch unter Druck gesetzt. Daraufhin wollten sie sich unter römischen Schutz begeben. Inzwischen weiß man, dass Ankömmlinge der germanischen Przeworsk-Kultur, die späteren Vandalen, im Barbaricum jenseits der Grenze der römischen Provinz Dakien mitverantwortlich für die politischen Veränderungen gewesen sein könnten. Antoninus Pius lehnte das Gesuch ab, da er keine Möglichkeit sah, die um Aufnahme bittenden Völker in die blühenden römischen Provinzen zu integrieren. Was damals niemand wusste, war, dass dies frühe Vorzeichen der verheerenden Markomannenkriege waren, die das Reich rund eineinhalb Jahrzehnte später erschüttern sollten. Antoninus Pius war jedoch nicht allein verantwortlich für diese Entscheidung. Er traf sie gemeinsam mit einer für die außenpolitische Entwicklung immer wichtiger werdenden Einrichtung – dem *consilium principis*, einem kaiserlichen Rat, der sich aus Mitgliedern des Senatoren- und Ritterstandes zusammensetzte. Dessen Empfehlung erschien dem Kaiser in externen Angelegenheiten wichtig. Ihm gehörte schon damals der spätere Kaiser Marc Aurel an, der in der Zukunft selbst eine ähnliche Entscheidung treffen würde, die jedoch von weit größerer Tragweite sein sollte.

In der Forschung existierte lange das Bild einer friedlichen Blütezeit unter der Herrschaft des Kaisers Antoninus Pius. Doch die Arbeit des Historikers Ragnar Hund lässt diesen Kaiser, der als zutiefst friedfertig und militärisch inkompetent galt, in anderem Lichte erscheinen. Bei Hund ist Antoninus Pius ein Kaiser, der ständig militärische Konflikte an allen Grenzen des Reiches ausfechten und auf Bedrohungen reagieren musste. Dazu passt eine Notiz in der Historia Augusta – einer Sammlung von Kaiserviten aus dem 4. Jahrhundert: «Eine Reihe Kriege ließ er [Antoninus Pius] durch seine Statthalter führen. So ließ er die Britannier durch den Statthalter Lollius Urbicus besiegen und nach der Zurückdrängung der Barbaren eine weitere Mauer, und zwar aus Rasenstücken, errichten [*Antonine Wall*]. Die Mauren [Maurenkrieg 142–ca. 150/151] wurden gezwungen, um Frieden zu bitten. Germanen, Daker und viele andere Völkerschaften ließ er ebenso wie die aufständischen Juden durch seine Statthalter und Heerführer niederwerfen.» (Historia Augusta, Antoninus Pius 5,4).

Antoninus' Feldzug in Britannien, den dessen Legat Q. Lollius Urbicus führte, fand bald nach seinem Regierungsantritt statt. Das Ergebnis war die Vorverlegung der Reichsgrenze von der Solway-Tyne-

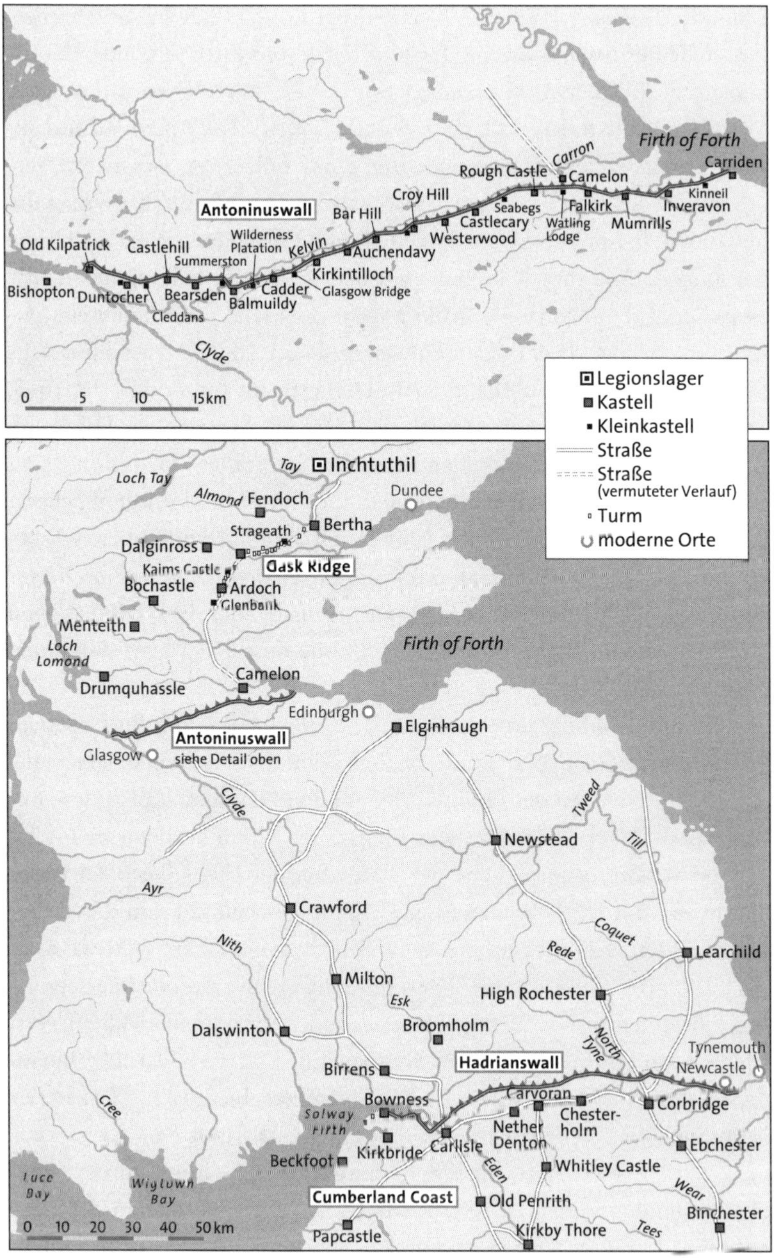

1 Verlauf und Lage des *Antonine Wall*

Linie des *Hadrian's Wall* nach Norden, wo 142/143 n. Chr. an der engsten Stelle der Insel, zwischen Firth of Forth und Firth of Clyde, der sogenannte *Antonine Wall* errichtet wurde. Er war mit 60 Kilometern Strecke nur etwa halb so lang wie der *Hadrian's Wall*; man hat ihn aus Rasensoden errichtet, vielleicht mit einer hölzernen Brustwehr versehen und ihn etwa drei Meter hoch gebaut. Noch heute kann man ihn bestaunen, beispielsweise am Kastell Rough Castle unweit von Falkirk in Schottland. Alle drei Kilometer wurden solche Kastelle errichtet, dazwischen lagen sogenannte ‹Milecastles› – kleinere Fortifikationen. Jenseits des *Antonine Wall* bestanden weitere Lager entlang der Aufmarschlinie ins nördliche Schottland, etwa bis Perth im Nordosten der Insel. So rückte man wieder wesentlich näher an die Stämme der Highlands heran, welche die britannischen Provinzen bedrohten: Sie waren 83/84 n. Chr. von Agricola am *mons Graupius* im äußersten Nordosten Schottlands besiegt worden. Ein gutes Jahrzehnt später brach erneut ein schwerer Konflikt mit diesen Stämmen aus, der letztlich Mitte der sechziger Jahre des 2. Jahrhunderts n. Chr. zur Aufgabe der neu geschaffenen Grenze und zum Rückzug auf die alte Linie führte, markiert durch den *Hadrian's Wall.*

Weitere Konfliktherde zur Zeit des Kaisers Antoninus Pius lagen an Rhein und Donau. Nur kurz erwähnt seien zwei Auseinandersetzungen an den Grenzen der Provinz Dakien, dem heutigen Rumänien, mit den freien Dakern oder Jazygen. Im zweiten Konflikt, der von 155 bis 157/158 n. Chr. dauerte, hatte der Statthalter der *Dacia Superior*, Marcus Statius Priscus, das Kommando inne. Zum Zeichen des römischen Sieges in diesem Konflikt stiftete er in *Sarmizegetusa* einen Victoria-Altar (CIL III, 1416). Sieg hin oder her – die Schwere der Auseinandersetzungen führte dennoch zu Truppenverstärkungen in zentralen Militärlagern Dakiens und zum Ausbau des westdakischen Limes. Darüber hinaus musste um 155 n. Chr. Militär ins Schwarzmeergebiet, nach *Olbia* an der Mündung des Südlichen Bug in den Dnepr, entsandt und dort stationiert werden, da die Stadt von den Tauroskythen bedroht wurde. Noch grundlegendere militärische Umstrukturierungen wurden an der oberen Donau und am Obergermanisch-Raetischen Limes vorgenommen,

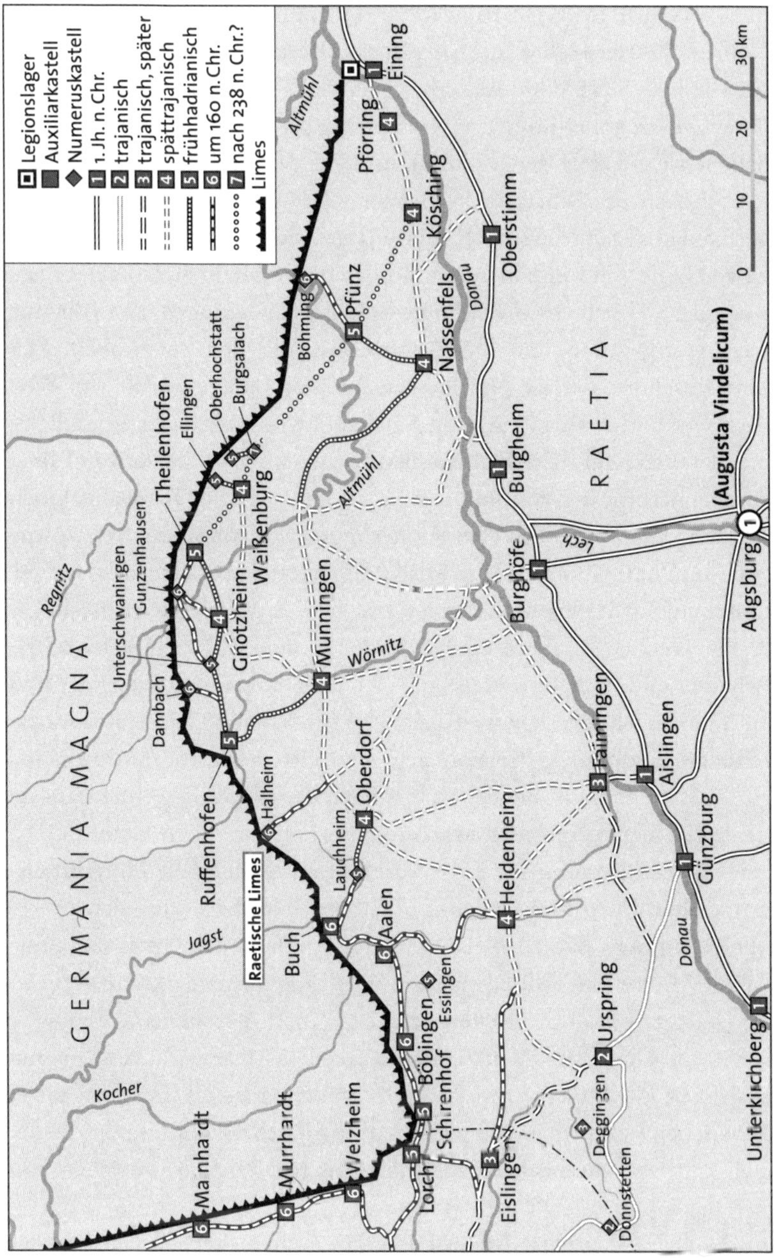

2 Entwicklung der römischen Okkupation am raetischen Limes

der als Grenze über 550 Kilometer von Eining an der Donau bis nach Koblenz führte: Heute ist dieses längste Bodendenkmal Europas übrigens Teil des UNESCO-Welterbes, und die Deutsche Limesstraße sowie ein wunderschöner Limes(rad)wanderweg laden ein, die zumeist gut erhaltenen Denkmale dieser Grenze und ihre Museen zu erkunden.

Ähnlich der Situation in Britannien wurde der Limes in Obergermanien gegen Ende der Regierungszeit des Antoninus Pius auf eine gerade Linie von Miltenberg im Norden bis Lorch im Süden vorverlegt. Auch der westliche raetische Limes erfuhr Veränderungen: Der Alblimes wurde aufgegeben und die Grenze nach Norden verschoben. Der Limesabschnitt, der die Nordgrenze Raetiens bildete, verlief von West nach Ost und war aus kürzeren Stücken zusammengesetzt. Zumindest die Planungen für diese Maßnahmen dürften noch in den letzten Jahren der Regierung des Antoninus Pius erfolgt sein; die Baumaßnahmen wurden jedoch erst nach dem Regierungsantritt von Kaiser Marc Aurel (161–180) fertiggestellt. Hatte er als Mitglied des *consilium principis* diese Entscheidungen mitgetroffen, so setzte er sie konsequent um, nachdem er die Herrschaft übernommen hatte. Es waren dazu umfangreiche Arbeiten erforderlich: Kastelle mussten aufgelassen, neue angelegt und die Truppen entsprechend verlagert werden. Wichtig für die verlässliche zeitliche Einordnung der Vorgänge sind Daten der Dendrochronologie – einer Methode, bei der man anhand der Jahresringe eines Baumes Bauholz einer bestimmten Wachstumsperiode zuordnen kann. Die so gewonnenen Daten zeigen, dass die Kastelle Schirenhof, Unterböbingen, Aalen, Buch und Halheim um 160 n. Chr. bzw. kurz danach errichtet wurden. Erst zu diesem Zeitpunkt erhielt der Limes sein endgültiges Aussehen, und es entstand eine durchgehende Grenzlinie: In die Wälder wurden Schneisen geschlagen und die Grenze durch steinerne (in Obergermanien) oder hölzerne (in Raetien), von Gräben umgebene Wachttürme gesichert. Sie standen in Sichtweite zueinander; dazwischen wurde durchgängig eine Palisade aus halbierten Baumstämmen angelegt, die nach Auswertung von Dendrodaten zwischen 160 und 165 n. Chr. gebaut wurde.

Noch viele weitere Maßnahmen zur Grenzsicherung fallen in die

Regierungszeit von Antoninus Pius. So wurden zahlreiche Kastelle in Stein ausgebaut, wie Bauinschriften in Gnotzheim, Kösching, Pförring und Pfünz belegen. Auch in Obergermanien erfolgte in den vierziger Jahren des 2. Jahrhunderts n. Chr. der Steinausbau vieler Kastelle; am Odenwaldlimes galt das sogar für die Wachttürme. Diese ‹runderneuerten› Anlagen wurden allerdings ein gutes Jahrzehnt später im Zuge der Vorverlegung des Limes größtenteils wieder aufgegeben. In Ostraetien wurden die beiden Straubinger Kastelle und das Künzinger Ostkastell in Stein ausgebaut, in Passau errichtete man auf dem Domberg ein neues Kastell anstelle des weiter östlich gelegenen, da dort nun eine größere Einheit untergebracht werden musste. Was die Gründe für die Maßnahmen in dieser Region waren, ist nicht mit Sicherheit zu sagen. Vielleicht hatte die germanische Bedrohung im Vorfeld des raetischen Limes Anlass zur Sorge gegeben und war so Auslöser dieser Fortifikationsmaßnahmen. Es gibt jedoch wenige Indizien dafür, dass die Verbände in Gnotzheim und Pfünz tatsächlich in Kämpfe mit Germanen verwickelt waren. Möglich ist auch, dass Auseinandersetzungen mit den Chatten stattfanden, deren eigentliche Ursachen innergermanische Konflikte waren.

Während seiner gesamten Regierungszeit trieb Antoninus Pius also die Verstärkung der Reichsgrenzen voran. Diese Bemühungen erscheinen als Reaktion auf eine kontinuierliche, latente Bedrohung von außen. Und auch wenn damals Marc Aurel – der schon von 139 n. Chr. an Caesar und mithin designierter Nachfolger des Kaisers war – in die Entscheidungen des Herrschers einbezogen war, so sollte es ihm in seiner eigenen Herrschaft nicht gelingen, das Wehrkonzept des Antoninus Pius langfristig aufrecht zu erhalten: «Der unter Pius entwickelten Maxime der wehrhaften Außenpolitik eines friedlichen, unter dem Schutz der Götter stehenden Imperiums war keine Zukunft beschieden.» (Hund 2017, 196).

Marcus Aelius Aurelius Verus, kurz Marc Aurel, wurde nach dem Tod des Antoninus Pius zum Kaiser erhoben, und zwar zusammen mit Lucius Aurelius Verus (161–169). Jenen hatte Antoninus Pius auf Wunsch seines Vorgängers Hadrian (117–138) adoptiert. Marc Aurel war nicht nur ebenfalls Adoptivsohn, sondern zudem ein angeheirateter Neffe des Antoninus Pius. Nach dem Tod Hadrians bevorzugte er Marc Aurel, so dass dieser bei der Amtsübernahme die Führung unter den beiden Augusti beanspruchen konnte. Seine besondere Stellung wurde unter anderem deutlich, als er seine Tochter Lucilla mit Lucius Verus verlobte. Zudem wurde nicht Lucius Verus *pontifex Maximus*, d. h. höchster Priester. Stattdessen übernahm Marc Aurel die administrativen Aufgaben. Lucius Verus hingegen entsandte er im Jahr 162 in den Osten.

Seine Aufgabe dort war es, einen Angriff der Parther abzuwehren, der dem von Rom abhängigen Klientelkönigtum Armenien gegolten hatte. Auf Befehl ihres Königs Vologaeses III. waren die Parther in Armenien einmarschiert und hatten eigenmächtig einen neuen König eingesetzt. Das römische Heer des kappadokischen Statthalters Marcus Sedatius Severianus, das zunächst zur Hilfe herbeigeeilt war, wurde von den Parthern eingekesselt und vernichtet. So überwanden die Parther die Grenzen zu den römischen Provinzen Kappadokien, dem heutigen Zentralanatolien, und Syrien; damit standen sie 162 n. Chr. auf einmal auf römischem Reichsboden. Als Reaktion darauf hob das Imperium im Osten neue Truppen aus, um die Bedrohung abzuwehren, und Lucius Verus höchstselbst übernahm vor Ort das Kommando in den Krisengebieten.

Den Krieg führte allerdings der fähige General Gaius Avidius Cassius für den noch unerfahrenen Oberbefehlshaber Lucius Verus. So konnten die Parther in den Jahren 163 bis 164 n. Chr. von römischem Boden und aus dem Königtum Armenien wieder vertrieben werden. 164 n. Chr. setzte Lucius Verus dort einen romfreundlichen König auf den Thron, und schon ein Jahr später gelang Lucius Verus mit seinem Heer ein Vor-

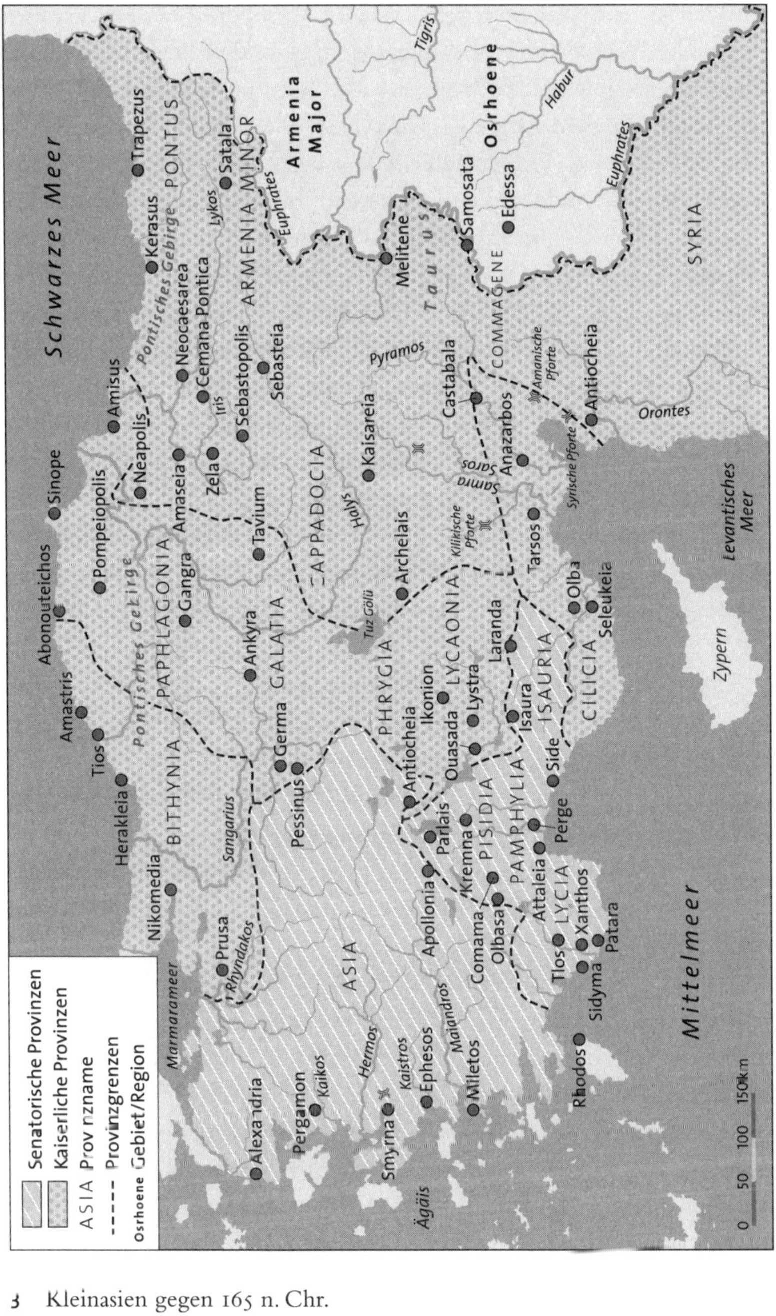

3 Kleinasien gegen 165 n. Chr.

stoß tief ins Partherreich hinein, bis nach Mesopotamien. Die Verwüstungen im Rahmen dieses Feldzugs waren besonders folgenreich für die Doppelmetropole *Seleukia/Ktesiphon* am Tigris im heutigen Irak: *Seleukia* wurde komplett niedergebrannt, und in *Ktesiphon*, der Hauptstadt der Parther, zerstörten die Römer den Palast des parthischen Königs Vologaeses III. Der Sieg war vollkommen! Nach weiteren Operationen im parthischen Kernland zogen sich die römischen Truppen 166 n. Chr. schließlich nach Syrien zurück (Karte S. 52/53). Beide Kaiser feierten in diesem Jahr den Sieg über die Parther mit ihrer vierten imperatorischen Akklamation. Doch ein dunkler Schatten breitete sich über den großen Triumph. Eine furchtbare Seuche – wahrscheinlich die Pocken – raffte viele Soldaten dahin, und erhebliche Versorgungsschwierigkeiten auf dem Rückmarsch nach Syrien verschärften die Situation. Diese sogenannte antoninische Pest breitete sich in der Folge im gesamten Reich, auch in Italien, aus, und die damit einhergehenden Bevölkerungsverluste führten zu einer ernsthaften demographischen Krise im Reich. Doch damit nicht genug: Im Donauraum deuteten sich neue Schwierigkeiten an!

Folgt man dem römischen Geschichtsschreiber Cassius Dio (72,3,1a), der etwa zwischen 160 und 230 n. Chr. lebte, so fielen im Jahr 166 n. Chr. rund 6000 Langobarden und Obier in die Provinz *Pannonia superior* ein – ein Territorium, das wir in etwa auf dem Staatsgebiet des modernen Ungarn verorten. Dank Ragnar Hunds jüngsten Auswertungen epigraphischer und numismatischer Quellen dürfen wir heute allerdings davon ausgehen, dass dieser Einfall erst einige Jahre später stattfand.

Wenn es damals die ersten Scharmützel an den Grenzen der dakischen Provinzen gab, so fragt man sich, woher dann der Name «Markomannenkriege» kommt, mit dem man die Summe der Ereignisse belegt hat. Er lässt sich aus der antiken Literatur ableiten: Dort werden die Markomannenkriege als *bellum Germanicum*, *bellum Germanicum et Marcomannicum* oder auch als *bellum Germanicum et Sarmaticum* bezeichnet. Letztlich meinen all diese Benennungen jene Auseinandersetzungen, welche die Römer mit unterschiedlichsten Stämmen – von der illyrischen Grenze bis nach Gallien – führten. Unter den Gegnern waren die bereits erwähnten Markomannen, Langobarden und Obier, aber auch Naristen, Hermunduren, Quaden, Sueben, Sarmaten, Lakringer, Buren, Viktualen, Sosiber, Sikoboten, Roxolanen, Bastarner, Alanen, Peukiner und Kostoboken. Sie alle werden in der Historia Augusta erwähnt (Marcus Aurelius Antoninus 22,1). Der Stamm der Jazygen hingegen taucht in dieser Aufzählung deshalb nicht auf, weil er zu den Sarmaten gehört.

Wenn auch die Markomannenkriege in der Lebensgeschichte des Marc Aurel nur kurz dargestellt werden, so gab es doch zumindest in der Antike darüber weitere umfassende Quellen. Die wichtigsten dieser leider nur lückenhaft überlieferten historischen Zeugnisse hat der Althistoriker Peter Kehne in seinem hervorragenden Überblick über die Forschungsgeschichte der Markomannenkriege zusammengetragen. Darunter findet sich auch der bereits erwähnte Cassius Dio, der sich intensiv mit dieser Zeit beschäftigt hat. Leider sind seine Bücher zu diesem Thema nur als Fragmente erhalten geblieben bzw. in kurzen Exzerpten des byzantinischen Mönches Johannes Xiphilinos überliefert. Bei Ammianus Marcellinus (29,6,1) – einem römischen Historiker des 4. Jahrhunderts – lesen wir zum Beispiel von einem Einfall der Quaden nach Italien: «Das beweisen wenigstens die Raubzüge, die sie früher mit Blitzesschnelle durchführten, die Belagerung von *Aquileia* [nahe Udine in Italien], die sie zusammen mit den Markomannen unternahmen, die Zerstörung von *Opitergium* [Oderzo im italienischen Veneto] und viele blutige Taten, die sie in schnellen Kriegszügen vollbrachten. Als sie über die Iulischen Alpen eingefallen waren, konnte ihnen, wie ich früher dargelegt habe, der Kaiser Marc Aurel kaum Widerstand leisten.» Diese Passage, die als Rückblende in die Schilderung von Ereignissen aus den siebziger Jahren des 4. Jahrhunderts n. Chr. eingeflochten ist, zeigt, dass die Darstellung der Markomannenkriege durchaus ein Teil der *Römischen Geschichte* des Ammianus Marcellinus war. Leider sind jedoch die ersten dreizehn Bücher, die der Zeit vom Ende des 1. Jahrhunderts n. Chr. bis 352 n. Chr. gewidmet waren und mithin auch die Markomannenkriege umfassten, verloren.

Wir wissen noch von weiteren möglichen Gewährsmännern wie

Marius Maximus – einem Zeitgenossen Cassius Dios –, aber inhaltlich ist nichts von ihren Zeugnissen erhalten geblieben. So trösten wir uns damit, dass immerhin die Archäologie eine Reihe von Funden und Befunden auf germanischer und römischer Seite beizusteuern vermag, die in den Kontext der Markomannenkriege gehören. Allerdings tritt dabei ein altbekanntes Problem auf: Die Überlieferung der Literaten zu den Markomannenkriegen hat in der Vergangenheit oft dazu gedient, archäologische Sachverhalte einzuordnen. Zur Vermeidung von Zirkelschlüssen müssen wir deshalb genau darauf achten, ob und wie die archäologischen Quellen nach einer methodisch sauberen Analyse des Fundmaterials zeitlich eingeordnet werden können. Für diese Art der Argumentation kommt Münzen, Reliefs und Inschriften große Bedeutung zu.

Unter den Reliefs spielt die Markussäule in Rom eine ganz herausragende Rolle. Diese Säule, die mit dem Sockel, auf dem sie steht, etwa 40 Meter hoch ist, umläuft spiralförmig ein Band von Bildern, das in Auszügen die Geschichte der Markomannenkriege erzählt. Natürlich wurden mit diesen Bildern keine reinen Nachrichten geboten. Die Bilder sollten nicht zuletzt dem Betrachter auch programmatische Botschaften übermitteln, die den Kaiser Marc Aurel charakterisierten. Man spricht in solch einem Zusammenhang von Bildpropaganda. Heute kann deshalb das Reliefband der Markussäule auch nicht ‹brutto für netto› gelesen und kritiklos als Bilddokument der Kriegsereignisse gewertet werden. Die Münzen helfen vor allem, ein chronologisches Gerüst für den Gang der Ereignisse zu schaffen. Sie und die Inschriften zeugen von Expeditionen, Triumphen, imperatorischen Akklamationen und Siegestiteln. Doch gerade weil relativ viele Zeugnisse über die Markomannenkriege zur Verfügung stehen, fanden in der altertumswissenschaftlichen Forschung zahlreiche Auseinandersetzungen über deren Geschichte statt.

«Während der Partherkrieg noch geführt wurde, entstand bereits der Markomannenkrieg. Sein Ausbruch konnte so lange durch die Diplomatie der Verantwortlichen hinausgezögert werden, dass der Markomannenkrieg erst nach Beendigung des Krieges im Orient geführt zu werden brauchte. … Endlich brachen beide Kaiser [d. h. Marcus Aurelius und Lucius Verus] im Feldherrenmantel auf, als die Viktualen und Markomannen alles in Verwirrung brachten und auch andere Stämme, die sich auf der Flucht vor weiter oben [d. h. im Norden] wohnenden nachdrängenden Barbaren befanden, mit Krieg drohten, falls sie nicht [auf Reichsgebiet] aufgenommen würden.» (Historia Augusta, Marcus Aurelius Antoninus 14,1). In diesem kleinen Textausschnitt werden alle Ursachen der Markomannenkriege vorgestellt: Verschiebungen im Inneren des Barbaricums – vielleicht angetrieben durch die Abwanderung der Goten aus ihren Stammesgebieten im heutigen zentralen Polen – setzten die im unmittelbaren Vorfeld der Reichsgrenzen siedelnden Stämme unter Druck.

Archäologisch fassen wir die Goten unter der sogenannten Wielbark-Kultur. Diese breitete sich seit der Mitte des 2. Jahrhunderts n. Chr. vom nördlichen Großpolen und Pommern in Richtung Ukraine und Schwarzes Meer aus. Durch Fundkartierungen rekonstruierte Verbindungen zwischen der Niederelbe, dem Siedlungsgebiet der Langobarden, und dem Donauvorfeld erweisen, dass der Donauabschnitt zwischen den Legionslagern *Brigetio* (Komárom-Szöny, Ungarn) und *Vindobona* (Wien) seit langem eine «Schnittstelle» zwischen elbgermanischen Verbänden aus dem Norden und dem Römischen Reich bildete. Genau dort kam es im Rahmen der Markomannenkriege zu schwerwiegenden militärischen Auseinandersetzungen. Die Stämme im Vorfeld der Reichsgrenze standen bis zu dieser Zeit mit Rom in diplomatischen Beziehungen, die teilweise so eng waren, dass sie sich – wie dies etwa bei den Quaden der Fall war – mitunter sogar ihre Könige von Rom bestätigen ließen (Historia Augusta, Marcus Aurelius 14,3). Diesen Eindruck untermauert eine zwischen 140 und 144 geprägte Münze, ein sogenannter Sesterz, des Antoninus Pius mit der Umschrift *rex Quadis datus* – den Quaden gegebener König. Aufgrund des wachsenden Drucks durch die Bewegungen im Zentral-Barbaricum schlossen sich die Stämme im Vorfeld der römischen Grenzen zusammen. Einige der bedrohten Stämme baten nun, wie wir bereits gehört haben, zu ihrem Schutz um Aufnahme auf römisches Reichsgebiet – eine Bitte, die Rom kurzsichtig verweigerte. Kurzsichtig deshalb, weil Rom an der Donau damit die Gelegenheit versäumte, eine systematische Vorfeldsicherung einzurichten, wie sie etwa Armenien als ein Pufferstaat im Osten des Reiches gegenüber den Parthern darstellte. So machten die Neuankömmlinge eben gemeinsame Sache mit den verschmähten Grenzanrainern und unternahmen Einfälle in die provinzialrömischen Gebiete. Dabei handelte es sich nicht etwa nur um kleinere Plünderungszüge, wie sie schon zuvor stattgefunden hatten, sondern um weitreichende Vorstöße. Die natürliche Begrenzung durch die Donau reichte in diesem Falle nicht, da sich zum ersten Mal riesige germanische Verbände in deren Vorfeld vereinigt hatten. Hauptgegner des Römischen Reiches waren die Markomannen, die Quaden – die im heutigen Böhmen, Mähren sowie im Süden bis hin zum nördlichen Donauvorfeld in Österreich siedelten – und die sarmatischen Jazygen in der Donau-Theiß-Ebene.

Angesichts dieser ernstzunehmenden Bedrohung wurden bereits 165 n. Chr. zwei neue Legionen, jeweils knapp 6000 Mann starke Einheiten, aufgestellt: die *legio II Italica* und die *legio III Italica*. Das wissen wir aus der Grabinschrift des Marcus Claudius Fronto (CIL VI 1377=31640=41142), die sich auf der Ostseite des Trajansforums in Rom befindet. Dort heißt es, jener sei als ehemaliger Konsul beauftragt worden, aus der italischen Jugend Truppen auszuheben; dass es sich bei denen, die er rekrutieren sollte, nur um Bewohner Italiens handelte, ist wegen der Anwesenheit von Personen aus anderen Reichsteilen unwahrscheinlich. Die Leitung dieses Unternehmens hatte vermutlich Gnaius Iulius Verus inne, der ebenfalls ehemaliger Konsul war, unterstützt durch den Ritter Tiberius Claudius Proculus Cornelianus und weitere hohe Offiziere (L'Année Épigraphique 1953, 123). Dieser Rekrutierungsvorgang ist deshalb so bedeutend, weil es das erste Mal war seit der Germanienoffensive von Kaiser Augustus (27 v.–14 n. Chr.), dass in Italien wieder neue Truppen ausgehoben wurden. Daraus lässt sich erkennen, welche Dringlichkeit und Bedeutung Marc Aurel und Lucius Verus dieser Maßnahme angesichts der drohenden Gefahren im Norden beimaßen.

Freie Daker, die in den Ostkarpaten und in der Senke von Harghita-Ciuc (Siebenbürgen/Rumänien) ansässig waren, und die sarmatischen Jazygen bedrängten in der zweiten Hälfte des Jahres 167 n. Chr. die dakische Westgrenze. Das Siedlungsgebiet der sarmatischen Jazygen lag zwischen der Ostgrenze der Provinz *Pannonia inferior*, etwa auf der Linie Budapest – Osijek (Kroatien) entlang der Donau, und der Westgrenze der Provinz *Dacia Porolissensis* (Teile Siebenbürgens), d. h. in der ungarischen Tiefebene. Diese Siedlungsgebiete umschloss der *Limes Sarmatiae* – eine Grenzanlage in Gestalt eines Erdwalls, die leider bis heute chronologisch nicht eingeordnet werden kann; sie kann vor, während oder auch erst nach den Markomannenkriegen errichtet worden sein. Zwei bis drei Jahre später, im Jahr 170 n. Chr., drangen die Kostoboken, die am Rand der Karpaten siedelten, nach Dakien vor und wurden zu Gegnern des Imperiums. Von diesen Einfällen betroffen waren die Provinzen *Dacia Porolissensis* und *Dacia Apulensis* (beide in Siebenbürgen). Dort finden sich Spuren von Zerstörungen im Umfeld der *colonia Ulpia Traiana Augusta Dacica Sarmizegetusa*, der Hauptstadt der *Apulensis*, und in Militärlagern im Südwesten, wie *Tibiscum* (bei Caransebeş), *Micia* (Veţel) und Gherla. Der Norden und Nordwesten Dakiens scheint dagegen von Einfällen verschont geblieben zu sein (s. Karte S. 138/139).

Diese Ereignisse dürften die beiden Augusti 168 n. Chr. bewogen haben, an die Front aufzubrechen. In der Historia Augusta (Marcus Aurelius 13,1–2) heißt es: «Die Furcht vor dem Markomannenkrieg war aber so groß, daß (Marcus [Aurelius]) Antoninus von überallher Priester herbeirief, fremde Zeremonien vollziehen und Rom auf alle Weise entsühnen ließ. Er ließ sieben Tage lang Götterbewirtungen nach römischem Brauch feiern und verzögerte so die Abreise auf den Kriegsschauplatz.» Anschließend brachen Marc Aurel und Lucius Verus nach *Aquileia* auf, von wo aus sie die Alpen überquerten und den Krieg in Pannonien (Historia Augusta, Verus 9,7–10) führten. Es ist uns nicht überliefert, in welche der pannonischen Provinzen der Feldzug die

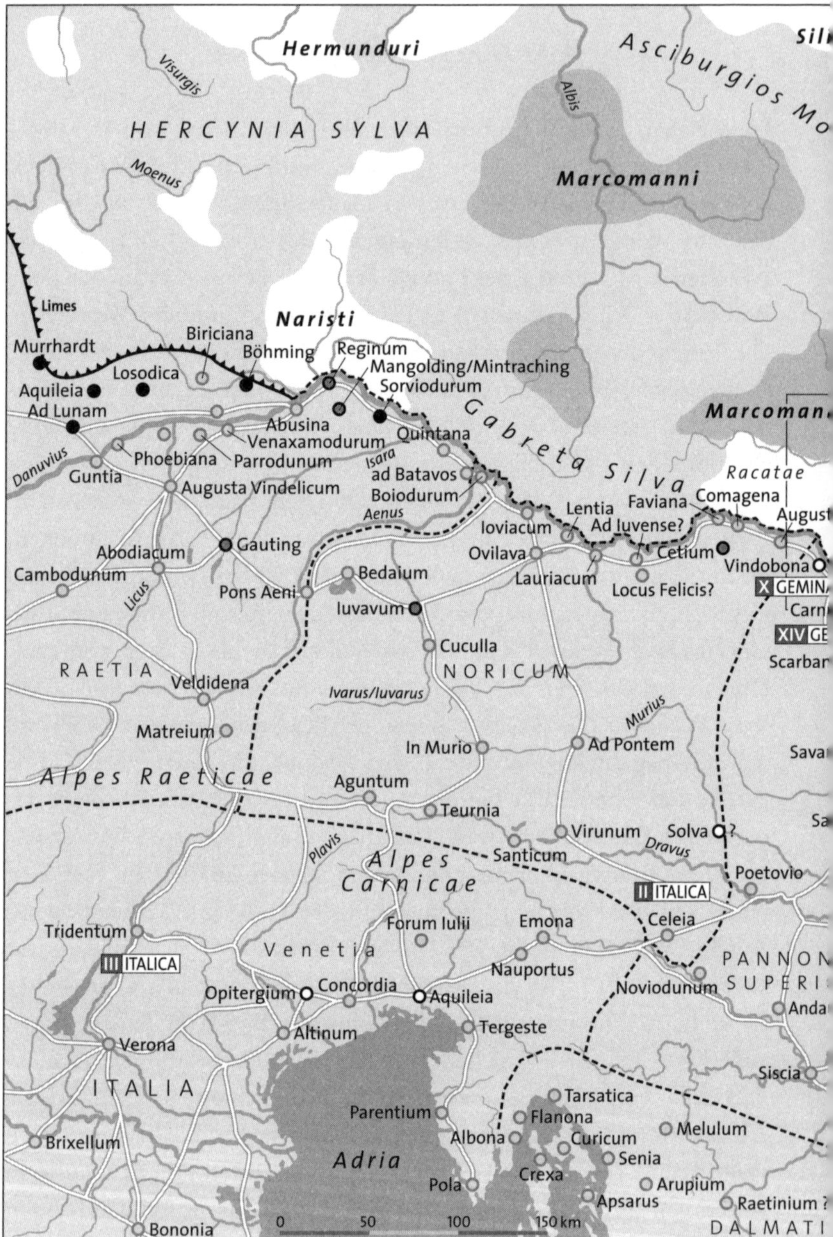

 Die verschiedenen Phasen der Markomannenkriege

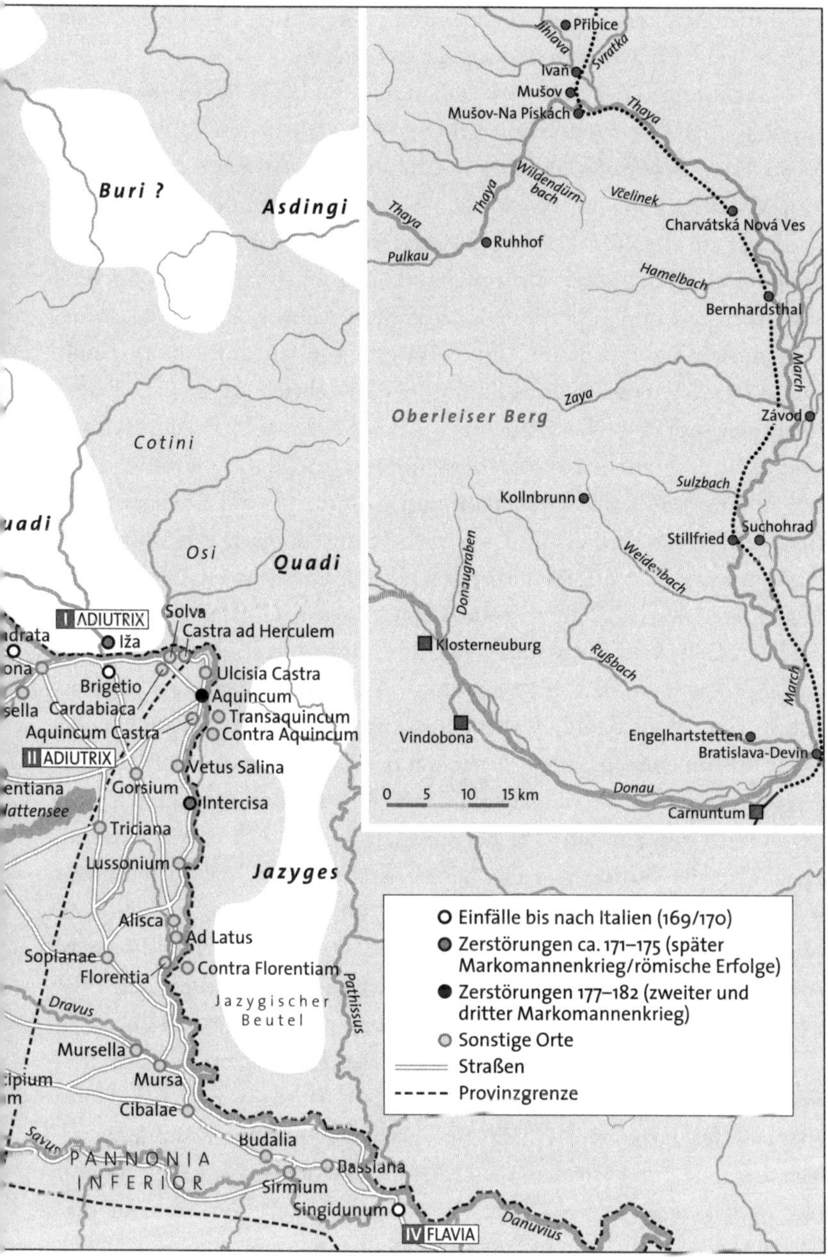
Přibice
Jihlava
Svratka
Ivaň
Mušov
Mušov-Na Pískách
Thaya
Wildendürnbach
Včelinek
Charvátská Nová Ves
Ruhhof
Pulkau
Hamelbach
Bernhardsthal
March
Zaya
Oberleiser Berg
Závod
Sulzbach
Kollnbrunn
Suchohrad
Stillfried
Weidenbach
Donaugraben
Klosterneuburg
Rußbach
Vindobona
Engelhartstetten
Bratislava-Devin
Donau
Carnuntum
0 5 10 15 km
Buri ?
Asdingi
Cotini
Osi
Quadi
I ADIUTRIX
Solva
Castra ad Herculem
Iža
Brigetio
Ulcisia Castra
Aquincum
Cardabiaca
Transaquincum
Contra Aquincum
Aquincum Castra
II ADIUTRIX
Vetus Salina
Gorsium
Intercisa
Triciana
Lussonium
Jazyges
Alisca
Ad Latus
Sopianae
Florentia
Contra Florentiam
Jazygischer Beutel
Pathissus
Dravus
Mursella
Mursa
Cibalae
Budalia
Savus
PANNONIA INFERIOR
Bassiana
Sirmium
Singidunum
IV FLAVIA
Danuvius
Einfälle bis nach Italien (169/170)
Zerstörungen ca. 171–175 (später Markomannenkrieg/römische Erfolge)
Zerstörungen 177–182 (zweiter und dritter Markomannenkrieg)
Sonstige Orte
Straßen
Provinzgrenze

Augusti führte; es ist aber zu vermuten, dass es sich um die *Pannonia inferior* handelte, wo man die Jazygen bekämpfte.

Nach ihrer Rückkehr nach Italien feierten beide Kaiser ihren Triumph. Doch die Freude über ihren Sieg währte nur kurz. Lucius Verus erlag bereits Anfang 169 n. Chr. in *Altinum* (nahe der Lagune von Venedig) jener im Römischen Reich grassierenden Seuche, die das Heer aus dem Osten ins Reich eingeschleppt hatte. Daraufhin war es allein an Marc Aurel, die anstehenden Probleme zu lösen. So versuchte er noch im Jahr 169 n. Chr. vom westlichen Dakien aus, eine Gegenoffensive einzuleiten. Die Truppen standen unter dem Kommando des Marcus Claudius Fronto, der ab Februar 169 n. Chr. Statthalter der drei dakischen Provinzen *Dacia Porolissensis*, *Dacia Apulensis* und *Dacia Malvensis* war. Doch diese Offensive scheiterte: Fronto selbst fiel Anfang 170 n. Chr., nachdem sein Kommando auf Obermoesien (heute in etwa Serbien und das westlichste Bulgarien) ausgeweitet worden war; die römischen Truppen erlitten eine schwere Niederlage. Nachfolger des gefallenen Fronto wurde Sextus Cornelius Clemens. Auf sein Betreiben hin wurden die Kostoboken in ihren angestammten Landen von den germanischen Astingen angegriffen. Dieser Schachzug macht deutlich, dass Rom mit Sextus Cornelius Clemens nicht nur militärisch, sondern parallel dazu auch mit den Mitteln der Diplomatie versuchte, die Lage in den Griff zu bekommen. Eine Dankesinschrift aus dem Jahr 172 n. Chr., gerichtet an Kaiser Marc Aurel, zeugt von der Notlage, in der *Sarmizegetusa* sich bis dahin befunden haben muss (CIL III 7969). In diesem Jahr dürften die Kostoboken wohl endgültig besiegt worden sein. Sie waren immerhin bis nach Attika vorgedrungen, wo sie das nordwestlich von Athen liegende panhellenische Heiligtum *Eleusis* geplündert und zerstört hatten.

Die Niederlage des Fronto befeuerte den Konflikt und weitete ihn aus: Die Stämme, die bis dahin ruhig gehalten worden waren, fielen nun ebenfalls ins Römische Reich ein. Dazu gehörten insbesondere die Markomannen und Quaden, die im Bereich zwischen *Vindobona* (Wien) und *Aquincum* (Budapest) über die Donau setzten, am Südrand der Alpen entlang zogen, die Iulischen Alpen überquerten, *Aquileia* belagerten und schließlich bis *Opitergium* (Oderzo im Veneto) marschierten. Zum ersten Mal seit 101 v. Chr. – dem Ende des Zugs der Kimbern, die bei *Vercellae* (Vercelli im Piemont) vernichtend geschlagen werden konnten – standen Feinde wieder auf italischem Boden! Das muss für die italische Bevölkerung ein gewaltiger Schock gewesen sein, denn der Krieg fand nun nicht mehr in weiter Ferne, sondern in ihrer eigenen Heimat statt! Ammianus Marcellinus (29,6,1) schreibt in der zweiten Hälfte des 4. Jahrhunderts über die Einfälle der Quaden und Sarmaten. In einer Rückblende heißt es: «... doch einst war es [das Volk der Quaden] unglaublich kriegerisch und mächtig. Das beweisen wenigstens die Raubzüge, die sie früher mit Blitzesschnelle durchführten, die Belagerung von Aquileia, die sie zusammen mit den Markomannen unternahmen, die Zerstörung von Opitergium und viele blutige Taten, die sie in schnellen Kriegszügen vollbrachten. Als sie über die Iulischen Alpen eingefallen waren, konnte ihnen ... der Kaiser Marcus Pius [d. h. Marcus Aurelius] kaum Widerstand leisten.» Zerstörungshorizonte in Militärlagern und Zivilsiedlungen liefern archäologische Hinweise auf diese Einfälle:

Detailinformation: Kleinfunde aus geschlossenen Fundkomplexen sind zur Beurteilung unbedingt nötig. Ein gutes Instrumentarium bietet das römische Regensburg, wo im spätestens 171 n. Chr. zerstörten Kastell Kumpfmühl die bis dahin gelieferten Waren in einem Brandhorizont enthalten sind. Das 179 n. Chr. errichtete Legionslager zeigt dagegen ein nachmarkomannenzeitliches Spektrum an Objekten. In *Cetium* (Sankt Pölten) zeugen münzdatierte Schichten, das Depot eines mittelgallischen Geschirrhändlers und eine Inschrift anlässlich eines Wiederaufbaus von der vorangegangenen Zerstörung der Stadt zwischen 170 und 172 n. Chr. An den wichtigsten Brennpunkten der Markomannenkriege lässt sich eine große Anzahl von Zerstörungshorizonten nachweisen: Eine Unterteilung in einzelne Phasen der Kriege ist allerdings schwierig. Ein Brandhorizont aus *Flavia Solva* gehört in die Zeit um 170 n. Chr., aber eine Verbindung mit den Kriegen bleibt nach Diskussion der Befunde offen. In Oberitalien finden sich kaum Hinweise auf die Markomanneneinfälle: *Aquileia* liefert wenige Indizien und ein Münzschatz aus *Opitergium* / Oderzo aus dem Jahr 168 n. Chr. könnte darauf hindeuten.

169–170 n. Chr. wird, etwa gleichzeitig mit diesen Ereignissen, die *praetentura Italiae et Alpium* eingerichtet. Zuständig für diesen Sprengel war ein Konsular – also ein ehemaliger Konsul – namens Quintus Antistius Adventus, der das Kommando über die beiden neu aufgestellten italischen Legionen innehatte. Die *praetentura Italiae et Alpium* war eine kurzzeitig eingerichtete Militärzone, welche die östliche *regio decima* mit dem östlichen Friaul und *Emona* (Ljubljana, Slowenien), das südöstliche *Noricum* mit *Celeia* (Celje, Slowenien) und den südwestlichen Teil der Provinz *Pannonia superior* mit *Poetovio* (Ptuj, Slowenien) umfasste – und damit nicht zuletzt die wichtige Straßenverbindung von *Emona* über die Iulischen Alpen nach *Aquileia* kontrollierte, die Teil der Bernsteinstraße war. Diese führte weiter nach *Carnuntum* und von dort in Richtung der Ostsee. In Ločica nahe *Celeia*, ebenfalls an dieser Straße gelegen, wurde von der *legio II Italica* zusammen mit der *ala I Antoniniana*, einer tausend Mann starken Reitereinheit, ein neues Militärlager errichtet, das wohl den Weg nach Italien sichern sollte. Vermutlich wurde dort auch eine Sicherheitszone installiert, der weitere Befunde aus diesem Gebiet zuzuordnen wären, aber noch ist die Forschung dazu nicht weit genug gediehen. Die Militärzone wurde vermutlich bereits 171 n. Chr. wieder aufgelöst.

Auch die Gebiete nördlich der Alpen waren von Germaneneinfällen betroffen. Eine Einfallspforte lag an der Naab- und Regenmündung bei Regensburg, wohin ein alter Weg aus Böhmen durch die Cham-Further-Senke führte; ein Abzweig ging über die Stallwanger Senke nach Straubing. So ist es nicht überraschend, dass das Kastell im Regensburger Stadtteil Kumpfmühl zu den ersten Lagern gehörte, die bei den Einfällen zerstört wurden. Aus dieser Zeit stammen auch Fundstücke aus einem Brandhorizont in Mangolding/Mintraching Herzogmühle, wo vermutlich ein Militärposten und eine Zivilsiedlung lagen. Östlich von München, in *Bratananium* (Gauting), lag eine weitere Siedlung, in der ein Geschirrdepot mit Sigillaten (also dem feinen roten ‹Sonntagsgeschirr› der Römer) derselben Zeit wie in Kumpfmühl gefunden wurde. Anhand dieser Funde lässt sich ein germanischer Feldzug rekonstruieren, der ausgehend von Regensburg durch die Münchner Schotterebene in Richtung der römischen Stadt *Cambodunum* (Kempten) im Allgäu führte.

Auch *Sorviodurum* (Straubing), donauabwärts von Regensburg gelegen, war wohl von diesem Einfall betroffen. In der römischen Zivilsiedlung von Straubing sind inzwischen aber Teller und Münzen gefunden worden, die ein Ereignis bezeugen, das Straubing erst wenige Jahre nach diesem Einfall getroffen hat. In welcher Phase der Markomannenkriege Straubing also tatsächlich zerstört worden ist, muss an dieser Stelle offenbleiben. Möglicherweise war dieser Militärstandort schlicht mehrfach in den Fokus der Angreifer geraten, zumal dort zwei Auxiliarkastelle (Hilfstruppen-Lager) mit insgesamt 1500 Mann Besatzung lagen. Der schwerwiegende Einfall bis ins Innere der Provinz Raetien könnte nicht nur bis nach Kempten, sondern auch nach *Iuvavum* (Salzburg) in der Provinz *Noricum* geführt haben. Zerstörungshorizonte in Oberösterreich, die allerdings bis heute nicht eindeutig der Zeit der Markomannenkriege zuzuordnen sind, zeigen eine weitere mögliche Einfallspforte: Die Landschaft zwischen *Lentia* (Linz) und *Lauriacum* (Enns). In *Lauriacum* wurde später, genau wie in Regensburg, ein neues Legionslager installiert, um die Verhältnisse wieder zu stabilisieren. Es bleibt die Frage, ob die Entscheidung, dieses militärische Bollwerk zu errichten, geopolitischen Gründen geschuldet war oder den Erfahrungen aus den Markomannenkriegen.

In dieser Situation machte Marc Aurel seinen Schwiegersohn Claudius Pompeianus zum neuen Kommandeur und stellte ihm den erfahrenen Militär Publius Helvius Pertinax zur Seite. Mit Vexillationen – das heißt Abordnungen unterschiedlicher Truppen – versuchte Pompeianus, flexibel auf die Gegner zu reagieren. Nur langsam vermochte er, die von den Germaneneinfällen betroffenen Gebiete wieder zu befreien. Ein erster großer Erfolg war die Vernichtung eines markomannischen Heeres 171 n. Chr., das auf dem Rückmarsch mit Beute beladen über die Donau setzen wollte (Historia Augusta, Marcus Aurelius 21,10). Die unterworfenen Gegner wurden hingerichtet oder auf römischem Boden angesiedelt. Pertinax erhob man wegen seiner militärischen Erfolge in den Senatorenstand, und er erhielt das Kommando über die in *Brigetio*

5 Rekonstruktion des römischen *Sorviodurum*/Straubing. Im Vordergrund ist das Ostkastell der ersten, tausend Mann starken, teilberittenen Canathenerkohorte von Nordosten zu sehen. In der Mitte befinden sich die *principia*, d.h. die Kommandantur. In der Ost-West-Mittelachse liegen darüber das Wohnhaus des Kommandanten, eine Werkstatt, vermutlich das Lazarett und vielleicht ein Getreidespeicher. Bei den Gebäuden davor und dahinter mit den dunkler eingefärbten Dächern handelt es sich um die Baracken für Soldaten und Pferde. Das Lager ist ummauert, mit Ecktürmen und vier Toren versehen. Im Westen deutet sich die Ecke des Westkastells an. Nach Süden liegen die Bauten des zivilen Lagerdorfes.

(Komárom-Szőny, Ungarn) stationierte *legio I Adiutrix*, mit der er die Provinzen Raetien und *Noricum* befreien sollte. Die Historia Augusta (Pertinax 2,6) berichtet: «Nachdem er [d. h. Pertinax] sich wiederum bewährt hatte, … erhob ihn Kaiser Marcus [Aurelius] in die Rangklasse der Prätorier und übertrug ihm das Kommando der ersten Legion, worauf er sofort die rätischen Provinzen und *Noricum* von den Feinden befreite …» Der Althistoriker Michael Sommer geht davon aus, dass in Raetien bereits bald nach ihrer Aushebung Teile der *legio III Italica* in Eining-Unterfeld im Landkreis Kelheim in Bayern stationiert wurden, und der Archäologe Thomas Fischer präzisiert dies für einen Zeitpunkt nicht vor 172 n. Chr. Dort wurde ein mehr als elf Hektar großes Legionslager errichtet, das für rund dreitausend Legionäre vorgesehen war. Es sollte für die Dauer der Markomannenkriege Bestand haben. Ihre Schwesterlegion, die legio *II Italica*, wurde vermutlich 172 n. Chr. von Ločica in Slowenien nach Albing in Oberösterreich verlegt. Wann genau das Lager errichtet wurde, lässt sich nicht mit Sicherheit sagen, auffällig aber sind Größe und Grundriss, die mit dem von Ločica übereinstimmen. Vielleicht gelangte mit der *legio II Italica* auch die Reitereinheit *ala I Antoniniana* nach *Noricum*. Die beachtliche Größe des Legionslagers von 23,3 Hektar und vor allem die Tatsache, dass Quintus Herennius Silvius Maximus (CIL IX 2213) gemeinsamer Befehlshaber beider Einheiten war, sprechen sehr für diese Überlegungen. Historiographisch deutet vieles darauf hin, dass diese Einheiten während der Befreiungsaktion das Heer des Pertinax unterstützten.

Die Rheingrenze wurde schon seit einiger Zeit mit Donativen, das heißt Geschenken, an die Stammesführer im germanischen Barbaricum ruhig gehalten. Darüber hinaus warb man Germanen als Söldner an, die ihren Sold mit in die heimischen Gebiete nahmen. Zwischen 160 und 170 n. Chr. setzte ein massiver Zustrom römischer Waren und Münzen in die Gebiete zwischen Elbe und Niederrhein ein, der sich bis zum Ende der Markomannenkriege unter Kaiser Commodus (180–192 n. Chr.) nachweisen lässt. Auf diese Weise stärkte man allerdings letztlich die barbarischen Stämme, ja förderte geradezu ihren Zusammenschluss. Hatte man also gehofft, die Barbaren dort ruhig zu stellen, so war das Resultat mittelfristig gerade das Gegenteil – die germanischen Völker, ohnehin ein starker Gegner des Imperiums, wurden noch stärker und gefährlicher.

Doch zunächst einmal bekam Rom durch diese Politik die Hände frei, sich seit 172 n. Chr. auf den mittleren und oberen Donauraum zu konzentrieren. Dort ging man gegen die Quaden vor und diktierte ihnen einen Frieden mit vielen Bedingungen. Zu diesen Bedingungen gehörte, dass sie keine Jazygen und Markomannen mehr in ihr Land lassen durften; alle Überläufer und Kriegsgefangenen mussten ausgeliefert und darüber hinaus als Kriegskontribution Rinder und Pferde den

Römern überlassen werden. Aus strategischen Gründen wurde den Quaden auch verboten, Märkte zu besuchen. So sollte verhindert werden, dass Kundschafter germanischer Stämme auf römischen Märkten spionierten. Konflikte mit weiteren germanischen Stämmen wurden diplomatisch beigelegt. Sie wurden teilweise in Germanien, Pannonien, Dakien, Moesien und Italien angesiedelt, andere integrierte man ins römische Heer. Anschließend konzentrierte man sich auf die Ausschaltung der Markomannen, die noch im selben Jahr (172 n. Chr.) besiegt wurden.

Der Feldzug sollte eigentlich mithilfe des Stammes der Kotiner durchgeführt werden, die im Gebiet des slowakischen Flusses Gran siedelten. Sie waren somit den Quaden und Markomannen benachbart und sollten Letzteren in die Flanke fallen. Aus diesem Grund schickte Marc Aurel einen Gesandten zu den Kotinern, die sich jedoch dem Abkommen widersetzten. In der Konsequenz fand daher zuerst ein Feldzug gegen die Kotiner statt, der nur durch ein Wunder – das berühmte sogenannte Regenwunder – erfolgreich beendet werden konnte: Die römischen Truppen waren nämlich eigentlich bereits eingekesselt worden, so dass ihnen Vernichtung drohte. Cassius Dio (72,9,4–6) beschreibt diese Situation so: «Marcus hörte dies und forderte die Leute [Christen] nun auf, zu ihrem Gotte zu beten. So beteten sie denn und sogleich erhörte sie ihr Gott und zerschmetterte die Feinde mit seinem Blitz, während er die Römer mit einem Regenguss erquickte. Marcus war darüber sehr erstaunt und ehrte nicht nur die Christen durch einen Erlass, sondern verlieh auch der Legion den Beinamen *Fulminatrix.*» Auch auf der Marcussäule in Rom ist dieses Wunder verewigt: Szene XVI zeigt einen bärtigen Mann mit ausgestreckten Armen, von denen Wasser herunterströmt, während auf dem Boden tote Barbaren und ihre Pferde liegen. Die erschöpften Römer erquicken sich dagegen am Regenwasser mit offenen Mündern oder sammeln es in ihren Schilden. Danach gelang es, die Markomannen zur Aufgabe zu zwingen. Von diesem Ereignis wissen wir darüber hinaus durch Münzen: Die GERMANIA SVBACTA-Prägung – *Germanien wurde unterworfen* – zeugt davon. In der Folge nahmen am 15. Oktober

6 Das Regenwunder auf der Marcussäule in Rom

172 n. Chr. Marc Aurel und Commodus beide den Siegertitel *Germanicus* an (sinngemäß: Germanenbesieger).

Doch die Probleme waren damit noch nicht gelöst. 173 n. Chr. brachen die Quaden ihren Eid und ersetzten den von Rom bestätigten König Furtius durch einen eigenen Kandidaten, Ariogaesus, den Marc Aurel jedoch nicht bestätigte. Stattdessen ging er militärisch gegen den Germanenstamm vor. Als die Quaden daraufhin den Frieden erneuern wollten, mussten sie sich ein weiteres Mal Bedingungen diktieren lassen. Dazu gehörte, dass sie auf einem fünfzehn Kilometer breiten Streifen nördlich der Donau nicht mehr siedeln durften, ferner, dass es ihnen untersagt war, Donauschifffahrt zu betreiben, und dass ihnen verboten wurde, die römische Grenze ohne explizite Erlaubnis zu überschreiten. So konnte der Krieg an der oberen und mittleren Donau im Winter 173/174 n. Chr. schließlich beendet werden. Marc Aurel verlagerte daraufhin sein Hauptquartier nach *Sirmium* (Sremska Mitrovica) im heutigen Serbien, um dort gegen die sarmatischen Jazygen vorzugehen. Nur bei Cassius Dio (72,7) ist eine für Rom siegreiche Schlacht aus dieser Zeit überliefert. Klar ist aber, dass Marc Aurel mehrere Friedensgesuche der Jazygen ablehnte, um sie endgültig zu vernichten. Dieses Ziel musste er jedoch 175 n. Chr. aufgeben, da im Osten Avidius Cassius, der Statthalter von Syrien, eine Usurpation versuchte. Jener ging anfänglich davon aus, dass der Kaiser bereits tot sei. Aber auch als ihm das Gegenteil bekannt wurde, ließ er von dem Versuch nicht ab, den Thron an sich zu bringen. Folglich begaben sich Marc Aurel und sein Sohn Commodus in die östliche Reichshälfte, um sich der Treue der dortigen Provinzen zu versichern. Avidius Cassius war jedoch bereits zuvor von einem Offizier ermordet worden. In dieser Situation schloss Marc Aurel mit den Jazygen schließlich doch Frieden, wenn auch unter der Bedingung, dass diese hunderttausend Kriegsgefangene ausliefern und dem Kaiser achttausend Reiter stellen mussten – von denen der größte Teil nach Britannien abkommandiert wurde. Außerdem mussten sie für einen siedlungsfreien Streifen nördlich der Donau sorgen. Doch trotz all dieser Maßnahmen blieb ihr Stammesverband weiterhin eine Bedrohung für Rom.

Zweite Phase der Markomannenkriege

Der Friede war nicht von langer Dauer. Immer wieder kam es zu Auseinandersetzungen mit Stämmen, denen man Friedensbedingungen diktiert hatte. Ein Indiz, das uns die Bedrohlichkeit der damaligen Lage anzeigt, ist beispielsweise, dass zu dieser Zeit bewährte Generäle in die Krisengebiete geschickt wurden. So wurde der in Raetien erfolgreiche Helvius Pertinax, der spätere Kaiser, bereits 176 n. Chr. als Statthalter nach *Moesia inferior* beordert und verwaltete ein Jahr später Dakien. Darüber hinaus verdeutlicht ein archäologischer Befund, dass Pannonien und Raetien schon gegen Ende der siebziger Jahre des 2. Jahrhunderts n. Chr. erneut von schweren Einfällen heimgesucht wurden. Ein Stützpunkt im niederösterreichischen Stillfried, den ein römischer Verband hier nördlich der Donau an einem Marchübergang hielt, ging zu diesem

Zeitpunkt verloren. Das belegen Münzen und Sigillaten. Einen vergleichbaren Münzhorizont kennen wir aus dem in Holz-Erde-Technik errichteten Kastell von Iža (Slowakei). Dieser Standort war zum Ende des ersten Markomannenkrieges als Brückenkopf nördlich der Donau gegenüber von *Brigetio* (Komárom-Szöny, Ungarn) angelegt worden und beherbergte das wichtige Legionslager der *legio I adiutrix*. Den Münzfunden nach zu urteilen, wurde dieses mit Bogenschützen belegte Lager 178/179 n. Chr. zerstört und erst nach dem Ende der Markomannenkriege schließlich in Stein wieder aufgebaut. Fünf Feldlager im Umfeld von Iža – vermutlich ebenfalls aus der Zeit des Marc Aurel – untermauern zudem die Bedeutung dieser Region als Aufmarschgebiet. In der Gegend um *Brigetio* selbst sind inzwischen achtzehn Feldlager nachgewiesen, die wohl zumindest teilweise im Kontext der Aufmärsche zur Zeit der Markomannenkriege standen. Ein weiterer Zerstörungshorizont liegt in dem ersten, in Holz-Erde-Technik errichteten Kohortenkastell von *Intercisa* (Dunaújvaros) in Ungarn vor: In diesem Fall ist es eine 174/175 n. Chr. geprägte Münze, die uns die numismatische Einordnung der Ereignisse in diese Zeit erlaubt. Weitere Zerstörungen aus dieser Phase sind zwar wahrscheinlich, doch lassen sich ihre Horizonte aufgrund des aktuellen Forschungsstandes leider nur grob in die siebziger Jahre des 2. Jahrhunderts einordnen. Man darf daher nur allgemein folgern, dass wohl noch weitere Lager an der ostpannonischen Grenze Germanenattacken zum Opfer fielen. Ferner darf man auch im Hinterland von Kämpfen um *Savaria* (Szombathely, Ungarn) ausgehen, denn einige archäologische Funde deuten auf eine wiederholte Belagerung der Stadt hin. So lässt beispielsweise ein Münzhort, der aus stattlichen 1006 Prägungen mit einer Schlussmünze (jüngste Münze) aus dem Jahr 177 n. Chr. besteht und den jemand in der trügerischen Hoffnung vergraben hat, ihn nach Befriedung der Unruhen wieder heben zu können, erkennen, wie gewalttätig die Zeiten in diesem Gebiet waren. Nicht mit Sicherheit einzuordnen sind hingegen weitere Brandhorizonte wie etwa der von *Gorsium* bei Székesfehérvár (Ungarn).

Diese Krisenzeit wiederum nutzten germanische Verbände, um in

Raetien einzufallen. Doch spätestens mit dem Einzug der *legio III Italica* in Regensburg im Jahr 179 n. Chr. dürfte sich die Situation in Raetien entspannt haben.

Detailinformation: Da die frisch ausgehobene *legio III Italica* erst 179 n. Chr. vollständig in Regensburg stationiert wurde, war die Einfallspforte aus dem Barbaricum – das Tal des Regens, dessen Mündung gegenüber dem späteren Legionslager lag – noch ungesichert. Kleinfunde aus Brandschichten lassen erkennen, dass noch in den späten Zügen der Markomannenkriege folgende Lager betroffen waren: Böhming und vielleicht Straubing, Munningen, Heidenheim, Urspring und Murrhardt. Da bei der Terra Sigillata aus Böhming, Munningen, Heidenheim, Urspring und Murrhardt (bereits in Obergermanien) ähnliche Serien auftreten, ist man geneigt, diese Horizonte in einen zeitlich ähnlichen Kontext zu setzen. Vielleicht stammen sie alle aus der Spätzeit der Markomannenkriege, auch wenn sich das nicht sicher belegen lässt. Zumindest für Böhming muss die Zerstörung vor 181 n. Chr. erfolgt sein, da aus diesem Jahr eine Wiederaufbauinschrift vorliegt.

Noch größere Probleme beschäftigten die Römer allerdings an der mittleren Donau, wo ihre Hauptgegner zu finden waren. So musste sich Kaiser Marc Aurel bereits 178 n. Chr. wieder an die Donau begeben. Sein Sohn Commodus, den er zu Beginn des Jahres 177 n. Chr. zum Mitkaiser gemacht hatte, begleitete ihn. Ein Sieg des Praetorianerpraefekts Bassaeus Rufus gegen die sarmatischen Jazygen in eben dieser Zeit ermöglichte es Marc Aurel, einen diplomatischen Keil zwischen die germanischen Stämme zu treiben. Daher konnte er seine militärischen Kräfte ganz auf die Quaden und Markomannen konzentrieren, während er mit den Jazygen Verträge schloss: «Marcus gewährte den Abgesandten der auswärtigen Völkerschaften Audienz … Und da sich ihm die Jazygen als äußerst nützlich erwiesen, befreite er sie von zahlreichen ihnen auferlegten Beschränkungen.» (Cassius Dio 72,19,1–2).

In den Gebieten der Markomannen und Quaden, die er an der Auswanderung hinderte, lagen jeweils zwanzigtausend Soldaten (Cassius Dio 72,20). Das Jahr 179 n. Chr. brachte weitere Erfolge für Rom, insbesondere den Sieg des Praetorianerpraefekten Tarrutienus Paternus. Zwar ist nicht eindeutig überliefert, wer die Gegner waren – vermutlich die Quaden –, wohl aber das Ergebnis der Unternehmung: «Den ganzen Tag über leisteten die Barbaren Widerstand, wurden aber samt und sonders von den Römern niedergehauen.» (Cassius Dio 72,33,3–4). Und auch das nächste Jahr brachte siegreich geführte Schläge gegen germanische Stämme: 180 n. Chr. wurde Marcus Rossius Vitulus wegen eines glücklichen Feldzuges gegen die Quaden und Markomannen militärisch ausgezeichnet, wie aus einer Inschrift aus *Bulla Regia* (Hammam Darradji) in Tunesien (L'Année Épigraphique 1914, 248) hervorgeht.

Die Römer kontrollierten das eroberte Feindesland und legten dort Lager an. Cassius Dio (72,20) bemerkt dazu: «Die Mannschaften selbst hatten es dabei gar nicht so schwer, zumal sie über Bäder und reichlich über alles Lebensnotwendige verfügten. Die Quaden wollten sich daher mit dem gegen sie gerichteten feindlichen Festungsbau nicht abfinden ...» Spuren solcher Festungsbauten finden sich in Niederösterreich, der Slowakei und in Mähren, also in der Region um die Flüsse March und Thaya. Im niederösterreichischen Weinviertel konnten in Engelhartstetten, Kollnbrunn und Ruhhof Feldlager nachgewiesen werden, die an den Flüssen Rußbach, Weidenbach und Thaya lagen, welche das Land in Ost-West-Richtung erschließen. Das Feldlager in Engelhartstetten konnte inzwischen der frühen Kaiserzeit zugeordnet werden, alle anderen stammen jedoch aus der Markomannenzeit. Der Fluss Zaya entspringt nahe des Oberleiserbergs. Durch dieses Flusstal führte die kürzeste Verbindung vom Legionslager *Vindobona* (Wien) über Ruhhof – einem Feldlager für rund eineinhalb Legionen – an die Thaya. Auch aus dem nahegelegenen Poysdorf sind Hinweise auf ein Lager bekannt, das wohl Station für die Truppen auf der alternativen Route vom Legionslager *Vindobona* (Wien) über das eine Legion fassende Feldlager Kollnbrunn an die Thaya gewesen sein dürfte. Von diesen Marschwegen sind vereinzelt Ziegelstempel der *legio X Gemina*, der Stammeinheit von *Vindobona*, und der *cohors Aelia Sagittariorum*, einer Hilfstruppeneinheit von Bogenschützen, bekannt. In *Vindobona* finden sich dann Ziegelstempel der erst in Italien ausgehobenen *legio II Italica*, die folglich wohl auch am zweiten Markomannenkrieg beteiligt war. Die Liste der Feldlager lässt sich ergänzen mit den Namen Suchohrad, Závod und Bernhardsthal an der March sowie Charvátská Nová Ves, Mušov-Na Piskach, Iváň (mit der hölzernen Torkonstruktion vielleicht ein Winterlager?), Přibice an der Thaya mit gleich zwei Lagern und Modřice in Südmähren. Folgt man der March flussaufwärts, so trifft man noch auf die Feldlager von Hulin-Pravčice und Olomouc-Neředin. Ein weiteres Lager ist beim slowakischen Trenčín zu vermuten. Dort, im Tal der Waag, zeugt noch heute eine Felsinschrift davon, dass rund 850 Mann der *legio II adiutrix* den Winter 179/180 n. Chr. an einem Ort namens *Laugaricium* verbracht haben. Bis auf Bernhardsthal an der March, Suchohrad und Závod in der heutigen Slowakei hatten alle bisher nachgewiesenen Lagerplätze Kapazitäten für ein bis zwei Legionen. Die kleineren Lager dienten dazu, die Vormarschroute in Richtung Mušov vom Legionslager *Carnuntum* (Bad Deutsch-Altenburg) abzusichern. Dafür spricht, dass Ziegel der *legio XIIII Gemina* aus *Carnuntum* bis auf ein Stück aus Mušov nur im unmittelbaren Umfeld auftreten.

Das befestigte Plateau von Stillfried lag an einem Marchübergang nicht weit von Suchohrad auf der anderen Flussseite und war somit ein strategisch wichtiger Platz dieser Route. Ein größeres Feldlager gibt es erst wieder bei Charvátská Nová Ves. *Vindobona* spielte mit Blick auf die dargestellten Lager und Routen nördlich der Donau eine zentrale militärische Rolle im zweiten Markomannenkrieg, *Carnuntum* eher eine logistische. Mušov an der Thaya sollte vielleicht der Zentralort der neu kontrollierten Gebiete werden. Dies lassen besondere Bauten vermuten, die innerhalb des mit hölzernen Türmen und Gräben befestigten, etwa 34 Hektar großen Lagers ausgemacht werden konnten: Werkstätten, ein Gebäude mit Apsis, ein Steingebäude – vielleicht ein Unterkunftshaus, möglicherweise die *principia* (Kommandantur) – und ein fast dreitausend Quadratmeter großes *valetudinarium* (Krankenhaus) legen nahe, dass an dieser Stelle ein dauerhaftes Lager entstehen sollte. Die Schlussmünzen und das weitere Fundmaterial sprechen für eine Einordnung von Mušov in die Zeit der Markomannenkriege, doch finden sich auch Indizien, die darauf hindeuten, dass der Platz bereits zu flavischer Zeit (69–96 n. Chr.) genutzt wurde. Aus historiographischer Sicht bezieht die Beantwortung dieser Frage ihre Relevanz daher, dass möglicherweise Mušov die neue Hauptstadt einer Provinz *Marcomannia* hätte werden können. Cassius Dio (72,33,4) schreibt dazu: «Wenn Marcus länger am Leben geblieben wäre, hätte er die ganzen dortigen Gebiete unterworfen.» Und in der Historia Augusta (Marcus Aurelius Antoninus 27,10) heißt es: «Er führte noch drei Jahre Krieg mit den Markomannen, Hermunduren, Sarmaten und Quaden und hätte deren Gebiete zu Provinzen gemacht, wenn er nur ein Jahr länger gelebt hätte.» Die aufgeführten Lager jedenfalls lassen erkennen, dass Rom tatsächlich ernsthaft bestrebt war, mit *Marcomannia* und *Sarmatia* neue Provinzen nördlich der Donau zu schaffen. Selbst der Tod Marc Aurels im März 180 n. Chr. führte nicht zu einem abrupten Ende dieser Bemühungen: Sein Sohn Commodus führte noch im Sommer desselben Jahres die Feldzüge des verstorbenen Vaters fort, um schließlich im Herbst doch Frieden mit den feindlichen Stämmen zu schließen – wenn auch unter strengsten Auflagen für die Gegner. Commodus verstärkte die Grenzen fortifikatorisch, insbesondere in Pannonien, und zog sich dann aus den besetzten Gebieten zurück. Nach der Aufgabe der Feldlager durch die römischen Truppen siedelten dort nun Germanen, die, wie wir aus archäologischen Befunden schließen können, die Hinterlassenschaften des Krieges – insbesondere Metallabfälle – verwerteten. Rom hatte seine Grenze an der Donau erfolgreich verteidigt, der Friede war endlich wiederhergestellt. Doch aus den alten Gegnern formierten sich schon bald neue Stammesverbände zu Kontrahenten Roms. Diese Entwicklung sollte langfristig verheerende Folgen für das *Imperium Romanum* haben. Aber davon ahnten die Zeitgenossen noch nichts.

WEITERE FELDZÜGE

Doch auch noch nach den ersten beiden Markomannenkriegen, die die Römer siegreich geführt hatten, sah sich das Imperium gezwungen, militärisch an der mittleren Donau einzugreifen. Commodus, der den Krieg nach dem Tod seines Vaters Marc Aurel erfolgreich abgeschlossen hatte, nahm 182 n. Chr. den Siegertitel *Germanicus maximus* an (Größter Germanenbesieger). Dieser Name geht auf eine weitere *expeditio III Germanica* (Corpus Inscriptionum Latinarum V 2155) zurück, d. h. auf eine dritte Germanienexpedition. Diese ist als *expeditio Burica* (Corpus Inscriptionum Latinarum III 5937) auch auf einer Iuppiterweihung eines Zenturio der *legio III Italica* aus Untersaal in Bayern inschriftlich belegt. Cassius Dio (73,3,1–3) schreibt über diese Ereignisse: «Dort kommt es mit den Buren zum Friedensschluss.» Ergebnis dieses Friedensschlusses war unter anderem, dass Commodus von den Gegnern – den Buren und ihren Alliierten – fünfzehntausend römische Gefangene zurückerhielt. Darüber hinaus wurde damals rund zwölftausend Dakern, die im Rahmen der Auseinandersetzungen aus ihrer angestammten Heimat vertrieben worden waren und die normalerweise außerhalb der römischen dakischen Provinzen siedelten, auf römischem Boden Land zugewiesen. Auch in den Gebieten nördlich Dakiens fanden zu dieser Zeit wohl Kämpfe statt, in welche die nachmaligen Kaiser Pescennius Niger (193–194) und Clodius Albinus (195–197) verwickelt waren. Zudem kam es wiederholt zu Auseinandersetzungen mit nicht näher zu identifizierenden Sarmaten. An der mittleren Donau fanden mithin auch nach den Markomannenkriegen immer noch einige Gefechte statt. Dann aber rückten wieder solche Territorien in den Fokus der Wahrnehmung, wo alte Feinde siedelten: der Rhein und die angrenzenden germanischen Provinzen, mit deren Stämmen es schon lange zuvor zu militärischen Konflikten gekommen war.

Mit den schriftlichen Überlieferungen zu den Markomannenkriegen und den Feldzügen des Caracalla, denen wir zu einem späteren Zeitpunkt noch unsere Aufmerksamkeit widmen werden, aber auch zu jenen des Maximinus Thrax sind also eine ganze Reihe von Unternehmungen belegt, welche die römische Armee in das germanische Barbaricum geführt haben. So wird deutlich, dass die ältere Forschungsmeinung unzutreffend war, derzufolge Rom nach den Germanienfeldzügen des Augustus keine großen militärischen Operationen in Germanien mehr durchgeführt habe. Seinerzeit ging man davon aus, das Imperium habe seine germanischen Interessen nach der Varusniederlage im Jahr 9 n. Chr. und den anschließenden Rachefeldzügen des Germanicus, die bis ins Jahr 16 n. Chr. dauerten, ad acta gelegt. Diese These kann heute als eindeutig widerlegt gelten.

Rom operierte auch im weiteren Verlauf des 1. Jahrhunderts n. Chr. dort auf germanischem Boden, wo es notwendig war – etwa beim Aufstand der Friesen 28 n. Chr. oder dem der Bataver (69–70). Unter Kaiser Claudius (41–54) ging man gegen die Chatten und Chauken vor, um das Gleichgewicht der verschiedenen Kräfte in Germanien zu wahren. Die Macht dieser beiden Stämme wuchs nämlich im Gegensatz zu jener der Cherusker weiter. So versuchten etwa die Chatten, die angestammte Bevölkerung der Wetterau zu vertreiben und die Region zu ihrem eigenen Siedlungsgebiet zu machen. Als Reaktion auf diesen Versuch führte der Legat des obergermanischen Heeres, Publius Pomponius Secundus, 49 oder 50 n. Chr. einen Feldzug durch, dessen Aufmarschgebiet wohl um den *mons Taunus* gelegen haben wird. Möglicherweise hat es sich dabei um den Dünsberg bei Biebertal-Fellingshausen gehandelt. Jedenfalls teilte sich an dieser Stelle das römische Heer, wie wir von Tacitus wissen (Annalen 12,27,2–12,28,2). Ein Verband könnte daraufhin in die angestammten Siedlungsgebiete der Chatten gezogen, der zweite zum Schlag gegen die Eindringlinge in die Wetterau vorgedrungen sein. Auf diesem Feldzug gelang es dem römischen Heer, sogar noch Römer zu befreien, welche die Germanen während der Varusschlacht gefangen genommen hatten. Diese Episode zeigt eindrucksvoll, dass Rom durchaus auch nach der Aufgabe der rechtsrheinischen Gebiete in der Lage war, militärisch gegen die Germanen vorzugehen – zumindest im 1. Jahrhundert n. Chr.

Ihren triumphalen Abschluss fanden die Auseinandersetzungen mit den Germanen seinerzeit vorerst mit dem Sieg Kaiser Domitians (81–96 n. Chr.) gegen die Chatten, der in der Einrichtung der Provinzen Ober- und Niedergermanien um das Jahr 85 n. Chr. gipfelte. Dafür wurden der ober- und niedergermanische Heeresbezirk aufgelöst, so dass dann insbesondere Niedergermanien auf linksrheinischem, ursprünglich gallischem Territorium lag. Zu Obergermanien zählten hingegen auch rechtsrheinische Gebiete, die im Zuge der Chattenkriege annektiert worden waren. Domitians Krieg war ein Angriffskrieg gewesen, welcher der kaiserlichen Reputation dienen und ihn in den Augen der Zeitgenossen zum Bezwinger der Germanen machen sollte, die damals als die vornehmliche Bedrohung des Reiches galten. Noch 83 n. Chr. konnte Domitian im Feldzug gegen die Chatten Triumphe feiern, auch wenn später weitere Unternehmungen folgten. Seine Siegespropaganda zu diesen Erfolgen zog sich bis 85 n. Chr. hin. Aber auch nach seinem Triumph und der Einrichtung der neuen Provinzen geriet Domitian noch ein weiteres Mal in Konflikt mit den Chatten: Als sich 89 n. Chr. der obergermanische Statthalter Saturninus in *Moguntiacum* (Mainz) gegen den Kaiser erhob, nutzte dieser die innenpolitischen Wirren zu einem zweiten Germanienfeldzug gegen die Chatten. Dieser in Wahrheit rasch niedergeschlagene Aufstand wurde von Domitian zu einem außenpolitischen Erfolg umgemünzt!

Danach blieb es über viele Jahrzehnte des 2. Jahrhunderts n. Chr. am Rhein ruhig. Erst im Zuge der Markomannenkriege brachen erneut unruhige Zeiten für die Provinzen an der mittleren und oberen Donau an und auch für Italien selbst. Nach der Ermordung des noch in diese Auseinandersetzungen involvierten Kaisers Commodus im Jahr 192 n. Chr. entbrannte ein langer Bürgerkrieg, und auf den Thron folgte Septimius Severus. Ihm gelang es, die Gegenkaiser Didius Iulianus (193) und Pescennius Niger (193–194) auszuschalten; dann musste er sich seinem zwischenzeitlichen Verbündeten Clodius Albinus (195–197) stellen, der über die Unterstützung der britannischen Legionen verfügte und nach dem Thron trachtete. Doch auch ihn konnte Septimius mit Unterstützung der Donau- und Rheinarmeen 197 n. Chr. in einer letzten Entscheidungsschlacht bei *Lugdunum* (Lyon) überwinden.

Im Zuge dieser Bürgerkriege muss es wohl auch in Niedergermanien zu Kämpfen gekommen sein. Zwar konnten die Severer (193–235 n. Chr.) dort abermals eine Zeit lang für Ruhe sorgen, aber schon während ihrer Dynastie zeichnete sich ein Zweifrontenkrieg im Osten des Reiches gegen die Sassaniden und die Germanen im Westen ab. Zudem schwächten innere Auseinandersetzungen das Reich weiter. Dadurch waren die Grenzen ungeschützt. Invasoren stießen auf wenig Widerstand, dafür aber auf reiche Beute in römischem Gebiet. Über diese Zeit finden sich auch in der Überlieferung wieder vermehrt Informationen über die Konflikte an Rhein und Donau – so auch vom Feldzug des Maximinus Thrax nach Germanien.

In den literarischen Berichten finden stets diejenigen Kriege besondere Erwähnung, an denen das Kaiserhaus selbst beteiligt war. Es ist jedoch davon auszugehen, dass darüber hinaus weitere militärische Unternehmungen stattfanden, die als Reaktionen auf germanische Vorstöße notwendig wurden, aber nicht unbedingt die persönliche Gegenwart des Kaisers erforderlich machten. Ein solcher Feldzug war auch jener gegen die Chatten, den Publius Pomponius Secundus führte, von dem bereits die Rede war. Ein weiteres interessantes Zeitdokument ist uns in Gestalt einer Inschrift auf dem Iuppiteraltar (CIL XIII, 8017) von Bonn-Beuel erhalten geblieben. Sie stammt aus dem Jahr 231 n. Chr., die genaue Datierung ist dank der Nennung zweier Konsuln möglich. Die Inschrift kündet von einem Sieg der *legio I Minervia pia fidelis Severiana Alexandriana* und ihrer Auxilien (Hilfstruppen) unter dem Kommando des Legaten Titius Rufinus. Der Stein diente als Basis für die Aufstellung von erbeuteten Feldzeichen. Da sich das Gefecht rechtsrheinisch im Vorfeld des Legionslagers *Bonna* (Bonn) zugetragen hat, war wohl bereits zu diesem Zeitpunkt die Lage am Niederrhein nicht mehr sicher. Andernfalls hätten sich germanische Verbände – die vermutlich über die Höhen parallel zum Siegtal aus Westfalen an den Rhein vorstießen – nicht unmittelbar bis ins Vorfeld von Bonn gewagt. Diese Inschrift ist übrigens eines der wenigen erhalten gebliebenen Zeugnisse über Expeditionen ins germanische Barbaricum ohne Beteiligung des Kaisers.

DER FELDZUG DES CARACALLA

Marcus Aurelius Antoninus, genannt Caracalla, war von 211 bis 217 n. Chr. römischer Kaiser. Er zählt zu den schillerndsten Gestalten unter den römischen Herrschern. Caracalla regierte in einer Blütezeit des Reiches. Er erwarb sich als Bauherr ebenso wie als Feldherr Meriten und erließ im Jahr 212 n. Chr. die sogenannte *Constitutio Antoniniana*, auf deren Grundlage alle freien Reichsbewohner das römische Bürgerrecht erlangten. Das historische Bild des Kaisers wird jedoch überschattet von der außerordentlichen Brutalität, mit der er seinen Machtanspruch durchsetzte. Er ließ sämtliche seiner Konkurrenten beseitigen, darunter auch seinen Bruder und Mitkaiser Geta. Damit erfüllte sich eine Prophezeiung, von der uns Cassius Dio (79,8,6) berichtet: Ihr zufolge sollte das Haus des Caracalla «in einem Meer von Blut» versinken. Mit seiner Beschreibung des Kaisers als Brudermörder und brutalem Tyrannen war Cassius Dio nicht unschuldig an der negativen Reputation Carcallas, die bis heute häufig in der Forschung rezipiert wird.

Bereits im Jahr 213 n. Chr. führte Caracalla einen Feldzug, der wohl den Germanen im Main-Tauber-Regnitz-Gebiet galt. Bei ihnen handelt es sich vermutlich um die zu den Rhein-Weser-Germanen zählenden Chatten. Wir können sie vor allem seit der Mitte des 2. Jahrhunderts n. Chr. in einer Reihe von Siedlungen ausmachen, weil wir dort die für sie typische Keramik finden. Der Stamm der Chatten war bereits in augusteischer Zeit (31 v. Chr.–14 n. Chr.) einer der germanischen Gegner Roms. Einen vorläufigen Höhepunkt hatten die Auseinandersetzungen mit den Chatten während der Kriege in den Jahren 83 und 85 n. Chr. erlebt, die in der Regierungszeit des Kaisers Domitian (81–96) geführt worden waren. Nach einem Sieg der Römer wurden die beiden germanischen Provinzen Ober- und Niedergermanien gegründet; so lautet zumindest eine mögliche Erklärung. Auch könnte aber der Aufstand des Lucius Antonius Saturninus, eines römischen Senators und Feldherrn, gegen Kaiser Domitian (89 n. Chr.) am Mittelrhein und im

Umfeld von Mainz eine Ursache für die Gründung der Provinzen gewesen sein – ein Aufstand, der allerdings rasch niedergeschlagen werden konnte. Der genaue Hintergrund der Provinzgründung lässt sich nicht mehr mit Sicherheit ermitteln.

Die Siedlungsgebiete der Chatten lagen zu großen Teilen im heutigen Hessen (der heutige Landesname leitet sich sogar von diesem Stamm ab), reichten jedoch bis nach Unterfranken. Nur am oberen Main und an der Regnitz waren Germanen beheimatet, die kulturelle Bezüge zu den östlicher beheimateten Elbgermanen aufweisen; besonders zu jenen aus Böhmen. Diese werden mit den Hermunduren in Verbindung gebracht: «Nicht lange zuvor hatte nämlich Domitius [Lucius Domitius Ahenobarbus: römischer Konsul 16 v. Chr. und Statthalter von Illyricum 6 v. Chr.–1 n. Chr.] … die Hermunduren, die aus einem mir unbekannten Grunde ihr Heimatland verlassen hatten und auf Landsuche hin und her zogen, abgefangen und in einem Teil des Markomannengebietes angesiedelt.» (Cassius Dio 55, 10a2). Seit dem ausgehenden 2. Jahrhundert wanderten elbgermanische Stammesverbände in dieses Gebiet ein und assimilierten in den nächsten Jahrzehnten die ursprüngliche rhein-weser-germanische Bevölkerung, also die Chatten. Zerhacktes Plünderungsgut in den elbgermanischen Siedlungen zeugt davon, dass sie auch Raubzüge auf provinzialrömischem Boden unternahmen. Vielleicht weisen ein Beutelfund aus dem Vicus von Dambach, bestehend aus 25 verbackenen Denaren, und ein Münzschatz aus Gnotzheim direkt auf einen Germaneneinfall während dieser Zeit hin. Genauso gibt es aus Kösching einen Hort, der etwa um diese Zeit vergraben worden sein muss. Möglicherweise führten also innergermanische Auseinandersetzungen zu den Übergriffen auf römisches Gebiet.

Caracalla kam zwischen 212 und 213 zweimal nach Raetien. Seine Kommandozentrale war vermutlich *Phoebiana* (Faimingen), wo er sich längere Zeit aufhielt. Nach Auskunft der Inschriften lag dort ein bedeutendes Heiligtum des Apollo Grannus, der den ursprünglich griechischen Beinamen *Phoebus* führte. Davon leitet sich der antike Name von Faimingen, *Phoebiana*, ab. In der Zeit, in der Caracalla in Faimingen weilte, fand er dort einen klassischen Tempelbezirk vor. Zentral gelegen war ein Podiumstempel mit einer ca. 7,50 Meter hohen Front, die von vier Säulen getragen wurde. Mit Ausnahme der Nordseite befanden sich an allen Seiten des Tempels Säulengänge, sogenannte Portiken, die innen mit Wandmalereien geschmückt waren. Wo die Quellen des angeblich heilkräftigen Wassers lagen, dessen therapeutische Wirksamkeit auf den Einfluss von Apollo zurückgeführt wurde, konnte man bis heute nicht herausfinden. Die Verstärkung der Umwehrung des Ortes zu Beginn des 3. Jahrhunderts – der Bau einer Holz-Erde-Mauer mit Steintoren um den Vicus (zivile Siedlung) sowie schließlich ihre Ersetzung durch Steinmauern – steht vermutlich in Verbindung mit dem Aufenthalt Caracallas. Irgendwo musste die kaiserliche Garde, d. h. die *equites singulares Augusti*, ja Unterkunft finden.

Caracalla suchte häufig Heiligtümer des Apollo auf, da er unter einer psychischen Krankheit litt. Cassius Dio (78,15,2), der den Kaiser allerdings in denkbar schlechtem Licht schildert, beschreibt sie folgendermaßen: «Die Zauberlieder der Feinde hatten Antoninus wahnsinnig und verrückt gemacht; als jedenfalls einige Alamannen von seinem Zustand hörten, erklärten sie, sie hätten Zaubermittel angewendet, um ihm den Verstand zu rauben. Er litt nämlich nicht nur körperlich teils an sichtbaren, teils an verborgenen Gebrechen, sondern auch seelisch war er krank und wurde von gewissen gräßlichen Schreckbildern heimgesucht; wiederholt bildete er sich ein, von seinem Vater und seinem Bruder mit Schwertern verfolgt zu werden. … Hilfe erhielt er weder von Apollo Grannus noch auch von Asclepius oder Serapis, trotz seiner vielen Gebete und all seiner hartnäckigen Ausdauer. Denn selbst aus der Ferne sandte er ihnen Gebete, Opfer und Weihegaben zu, Tag für Tag liefen die Kuriere hin und her, die etwas dergleichen überbrachten. Auch persönlich fand er sich bei den Heiligtümern ein, in der Hoffnung, durch seine Anwesenheit etwas ausrichten zu können, und alles tat er, was fromme Verehrer etwa tun.» Dies mochte auch der Grund für den Aufenthalt des Kaisers in dem bedeutenden Apollo-Heiligtum in *Phoebiana* gewesen sein.

Aufgrund seiner Zeit in Raetien war Caracalla bekannt, dass elbgermanische Stämme auf römisches Gebiet vordrangen. Auch wenn diese

Wanderungsbewegung damals noch keine bedrohlichen Ausmaße angenommen hatte, so war ihm doch klar, dass sich daraus eine ernsthafte Gefahr für die römische Außengrenze entwickeln könnte. Vielleicht war der Bau der auch ‹Teufelsmauer› genannten raetischen Limesmauer – einer Steinmauer, die im Jahr 207 n. Chr. entlang der römischen Außengrenzen errichtet wurde – ein Ausdruck seiner Weitsicht. Vielleicht wollte Caracalla einfach nur den Chatten, d. h. den Rhein-Weser-Germanen, zu Hilfe kommen, die lange Jahrzehnte friedlich im Vorfeld der römischen Reichsgrenze gesiedelt hatten. Jedenfalls war die politische Situation für Caracalla Anlass genug, im Sommer 213 n. Chr. einen Feldzug zu führen, der für die nächsten zwanzig Jahre Ruhe und Sicherheit bringen sollte. Das raetische Straßennetz wurde für diesen Feldzug bereits im Herbst 212 n. Chr. ausgebaut, wie zwei in Gundelfingen im Landkreis Dillingen an der Donau entdeckte Meilensteine belegen. Dort ist Faimingen, der Aufenthaltsort des Kaisers, als *caput viae* – Ausgangspunkt der Straße – verzeichnet. Darüber hinaus liegen in der Umgebung von Faimingen und Sontheim an der Brenz mehrere Meilensteine, die nachweislich im Jahr 212 n. Chr. aufgestellt worden sind.

Dalkingen im Ostalbkreis lag rund vierzig römische Meilen (ca. 60 Kilometer) nördlich von Faimingen und rund acht Meilen (ca. 12 Kilometer) nordöstlich vom Lager der *ala II Flavia pia fidelis milliaria* in Aalen, einer tausend Mann starken Reitereinheit. Dort befand sich ein Limestor, dessen aufwendige Gestaltung ein Indiz dafür ist, dass Caracalla an dieser Stelle die Grenze überschritten hat. In Dalkingen wurde in den sechziger Jahren des 2. Jahrhunderts n. Chr. an der Stelle einer kleinen Pforte neben einem Wachtturm in der Grenzpalisade ein hölzerner Hof errichtet, der regulären Grenzkontrollen diente. Bald darauf wurde ein Torhaus mit Wachfunktion gebaut, das in der Grundfläche etwa 12 mal 12,50 Meter maß. Im Zuge des Neubaus der raetischen Limesmauer wurde dieses Torhaus abgerissen: Der hölzerne Hof verschwand und wurde durch ein Steingebäude ersetzt. In der letzten Bauperiode, die mit der Anwesenheit des Kaisers in Dalkingen in Verbindung gebracht wird, errichtete man nach Süden hin eine mit Kalk-

7 Das Limestor bei Dalkingen: Ein Ehrenbogen für Kaiser Caracalla (Rekonstruktion nach M. N. Filgis und K. Kortüm)

tuffsteinen verkleidete Torfassade, die wie ein Ehrenbogen aussah. Die tiefe Fundamentierung des Bauwerks, die ihm besondere Stabilität verleihen sollte, lässt auf seine große Höhe schließen. Die Fassade war etwa 15 Meter breit und 2,30 Meter tief. Durchbrochen wurde sie nur durch einen zentralen Durchgang von 1,80 Meter Breite. Seitlich des Durchgangs war das Tor durch pfeilerartige Vorsprünge geschmückt. Rund 9 Meter südlich des ehemaligen Torbaus fand man eine rechteckige Steinsetzung, bei der es sich womöglich um das Fundament eines Altars handelt. In der unmittelbaren Umgebung des Bauwerks war überdies eine bronzene, überlebensgroße Panzerstatue aufgestellt, von der noch über 130 Fragmente geborgen werden konnten. Vermutlich handelte es sich um ein Abbild des Kaisers Caracalla. Die Prunkfassade in Form eines Ehrenbogens wurde wohl ebenfalls für diesen Herrscher errichtet. Der Bau kann erst nach dem erfolgreichen Ausgang eines Feldzuges gegen die Germanen 213 n. Chr. auf Beschluss des Senates errichtet worden sein. Nur zwei Jahrzehnte später, beim Einfall der Germanen von 233 n. Chr., wurde er wieder zerstört.

Der Feldzug, seine *expeditio germanica*, führte Caracalla den in Stein gehauenen Aufzeichnungen der Fratres Arvales (Ackerbrüder) zufolge – jener zwölf Priester im Dienst der Fruchtbarkeitsgöttin Dea Dia – ab dem 11. August 213 über die «Grenze Raetiens zu den Feinden». Ähnliches berichtet die Historia Augusta (Caracalla 5,4). Darin ist von einem Krieg «*circa Raetiam*», um Raetien herum, die Rede. Bereits am 6. Oktober desselben Jahres wurde Caracallas Sieg in Rom verkündet. Dadurch erhielt er den innenpolitisch so wichtigen Beinamen *Germanicus Maximus*, wie die anlaufende Propagandamaschinerie deutlich zeigt. So wurden bereits 213 n. Chr. Münzen mit der Botschaft «Victoria Germanica» geprägt. Aus demselben Jahr stammen öffentliche und private Weihinschriften, die den Sieg über die Germanen erwähnen. Als Beispiel sei die immer wieder zitierte Spolie aus einer Kirche in Brackenheim-Meimsheim im Landkreis Heilbronn angeführt, die «*ob victoriam germanicam*» (CIL XIII, 6459) geweiht wurde. Dass der Kaiser seinen Sieg nur inszeniert hat – indem er ihn den Germanen regelrecht abkaufte –, um diesen Beinamen zu erhalten, ist indes nicht ganz auszuschließen.

Auf jeden Fall kann man in einigen Fällen anhand von Inschriften rekonstruieren, welche Truppen am Feldzug beteiligt waren. Die *ala II Flavia pia fidelis milliaria* war mit tausend Mann die stärkste Reitertruppe am raetischen Limes und bildete wohl den Kern der kaiserlichen Armee. Neben regulären raetischen Einheiten waren vermutlich weitere aus dem Osten des Imperiums beteiligt, die Caracalla für diesen Zweck zusammengezogen hatte. Nach einer Inschrift (CIL VI 41193) kamen Einheiten der *legio XI Claudia* aus *Durustorum* (Silistra) im heutigen Bulgarien unter Caius Suetrius Sabinus als *comes Augusti* zum Einsatz. Caius Suetrius Sabinus war sozusagen die »Seele» des Feldzuges; er befehligte auch die germanischen Kontingente in den Reihen der Römer (CIL X 5178). Eine Grabinschrift aus dem ungarischen Budaörs zeugt überdies von einem Soldaten der *legio II adiutrix* aus *Aquincum* (Budapest), der an diesem Feldzug beteiligt war. Diese Informationen werden ergänzt durch zwei Grabinschriften aus *Intercisa* (Dunaújváros) in Ungarn (RIU V Nr. 1183 und 1228). In *Aquincum* (Budakeszi) stifteten zwei Soldaten einen Iuppiteraltar, um für den Germanienfeldzug um Glück zu bitten (RIU VI Nr. 1328). Die *cohors I milliaria Hemesenorum sagittaria equitata civium Romanorum* – berittene Bogenschützen – aus Intercisa wurden für den Feldzug abkommandiert (Weihinschrift RIU 1139), genauso die raetische *cohors I Breucorum* (in Pfünz und Böhming stationiert). Auch eine Grabinschrift (CIL XIII, 6317) aus Rastatt nahe dem Legionslager *Argentoratum* (Straßburg) erwähnt einen Soldaten, der am Feldzug teilgenommen habe; daraus kann man schließen, dass seine gesamte Legion beteiligt war. Darüber hinaus könnte Caracalla auf Teileinheiten der *legio II Parthica* zurückgegriffen haben, die bereits bei den Britannienfeldzügen seines Vaters die Reserve gebildet hatte, des Weiteren auf Mainzer Truppen oder auch die *legio III Italica* in *Reginum* (Regensburg). Letztere könnte von Südosten zum Maindreieck vorgestoßen sein. Von weiteren Hilfstruppen ist auszugehen; darunter osrhoenische Bogenschützen (von der heutigen syrisch-türkischen Grenze), wie bei Cassius Dio beschrieben (siehe unten). Die Stärke des gewaltigen Heeres dürfte also mindestens bei 10 000 Soldaten gelegen haben; unter Umständen ist die Zahl sogar noch weitaus höher anzusetzen.

Vom Feldzug selbst liegen nur unsichere Nachrichten römischer Autoren vor – tragen sie doch nur wenig zur geographischen Orientierung bei. Bereits im Frühjahr des Jahres 213 n. Chr. dürfte es zu ersten Kampfhandlungen gekommen sein. Dafür liegen literarische und epigraphische Indizien vor. Berücksichtigt man die große Anzahl an Kontingenten aus dem Donauraum, so ist davon auszugehen, dass sich das Aufmarschgebiet der kaiserlichen Truppen von der oberen Donau bei Ingolstadt bis nach Ulm erstreckte. Von Faimingen aus ging es dann durch das Brenz-Kocher-Tal in Richtung Aalen, um bei Dalkingen den Limes zu überschreiten. Ein Teil der Truppen dürfte aber auch andere

Limesübergänge genutzt haben – etwa bei Gunzenhausen oder im Taubertal. Die Verbände aus Regensburg und Mainz stießen wohl direkt von ihren Standorten aus auf germanisches Gebiet vor, d. h. vom Rhein über den Main und von Regensburg wahrscheinlich durch die Oberpfalz. Glauben wir den Akten der Ackerbrüder, dann überquerte Caracalla selbst genau am 11. August 213 n. Chr. den raetischen Limes. Von dort aus marschierte er entlang der Wasserscheide zwischen Donau und Rhein zum Maindreieck.

Ein solches Unternehmen erforderte freilich eine gewisse Infrastruktur. Von Cassius Dio (78,13,4) erfahren wir, wie der Kaiser diese Voraussetzungen schuf: «… und wo immer er einen Platz sah, geeignet, sich dort niederzulassen, erklärte er: ‹Hier soll ein Kastell erstehen! Dort soll eine Stadt gebaut werden!›». Sofern der Bericht des Cassius Dio den Tatsachen entspricht, müssten entlang des vermuteten Marschweges die Überreste von Marschlagern zu finden sein. Bis heute gibt es jedoch keine archäologischen Befunde, die deren Existenz belegen. In Acholzhausen im Landkreis Würzburg und in Westheim im Landkreis Kitzingen wurden Bolzenspitzen gefunden, die von Pfeilgeschützen verschossen worden sind. Diese könnten vom Feldzug Caracallas stammen. Herlheim ist sogar Fundort einer bronzenen Spannbuchse. Da diese zu einem Pfeilgeschütz gehört, das von den Germanen nicht benutzt wurde, ist anzunehmen, dass es sich dabei um Kriegsbeute handelte.

Cassius Dio (78,14,1–2) berichtet, dass der Kaiser am Rande einer Niederlage stand: «Er kämpfte auch mit einem gewissen Germanenstamm, den Cennen [Anmerkung des Verfassers: damit sind wohl Chatten als ursprüngliche Bewohner des Gebietes gemeint]. Diese griffen, wie man erzählt, die Römer mit solchem Ungestüm an, dass sie selbst die Geschosse, durch die sie von den Osrhoenern verwundet wurden, mit Hilfe ihrer Zähne aus dem Fleisch zogen, um ihre Hände dauernd zum Morden der Feinde freizuhaben. Doch selbst diese Gegner ließen sich von Antoninus eine angebliche Niederlage für viel Geld abkaufen und erlaubten ihm, sich in die Provinz Germanien zu retten.» Aus dieser Darstellung wird klar, dass die Germanen offenbar durchaus die Möglichkeit hatten, im Krieg gegen die Römer Beute zu machen. Die

Glaubwürdigkeit dieser Perspektive wird durch entsprechende archäologische Befunde (S. 49) untermauert. Aurelius Victor spricht hingegen von einem vollständigen Sieg der Römer unweit des Mains. Für die Truppen des Caracalla hätte sich dann eine Rückreise auf provinzialrömischem Gebiet auf dem Main zum Legionslager *Moguntiacum* (Mainz) angeboten.

KAPITEL 2

DIE SUPERMACHT IM OSTEN UND EIN FEIGER KAISER AUS DEM WESTEN

Hinter der Ostgrenze des Imperium Romanum begann das Herrschaftsgebiet der zweiten großen Supermacht jener Zeit – der Sassaniden. Die Sassaniden waren die Nachfolger der Parther – ein iranisches Volk, das seinerseits Mitte des 3. Jahrhunderts v. Chr. die Vorherrschaft in der Region der hellenistischen Seleukiden übernommen hatte. In der römischen Kaiserzeit bestand das Partherreich aus zahlreichen Völkern mit vielen unterschiedlichen Sprachen. Es erstreckte sich zeitweise vom Indus bis an die römischen Ostgrenzen in Syrien und vom Kaspischen Meer im Norden bis hinunter zum Persischen Golf. Legt man die heutigen Ländergrenzen zugrunde, dann umfasste das Reich Gebiete des Iran und des Irak, des nördlichen Indiens und Pakistans sowie von Afghanistan, Turkmenistan, der Südosttürkei und Syrien.

Im Verlauf der etwa drei Jahrhunderte währenden Vormachtstellung der Parther kam es immer wieder zu kriegerischen Auseinandersetzungen mit den römischen Nachbarn, die für die Römer meist verlustreich endeten. Zu ersten größeren Konflikten kam es, nachdem sich Rom Syrien als Provinz einverleibt hatte. Von diesem Zeitpunkt an konkurrierten die Römer mit den Parthern um die Vorherrschaft im Osten. Crassus, der dritte Mann im Triumvirat mit Pompeius und Caesar, zog deshalb 55 v. Chr. mit einem Heer von rund 40 000 Soldaten gegen die Parther. Zwei Jahre später erlitt er in *Carrhae* in der Südosttürkei eine verheerende Niederlage. Die Armee des parthischen Heerführers Surena war den Römern bei weitem überlegen. Während von den römi-

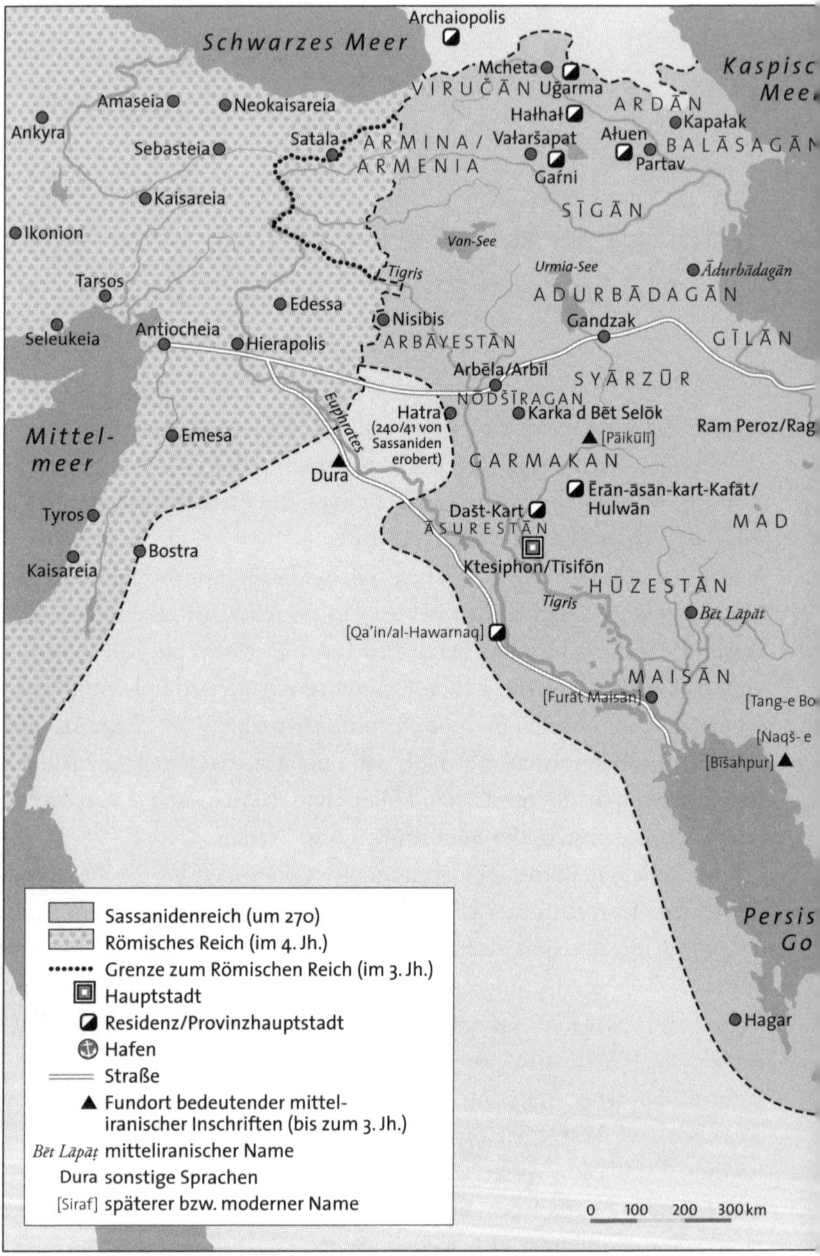

8 Das Sassanidenreich zwischen 224 und 651 n. Chr.

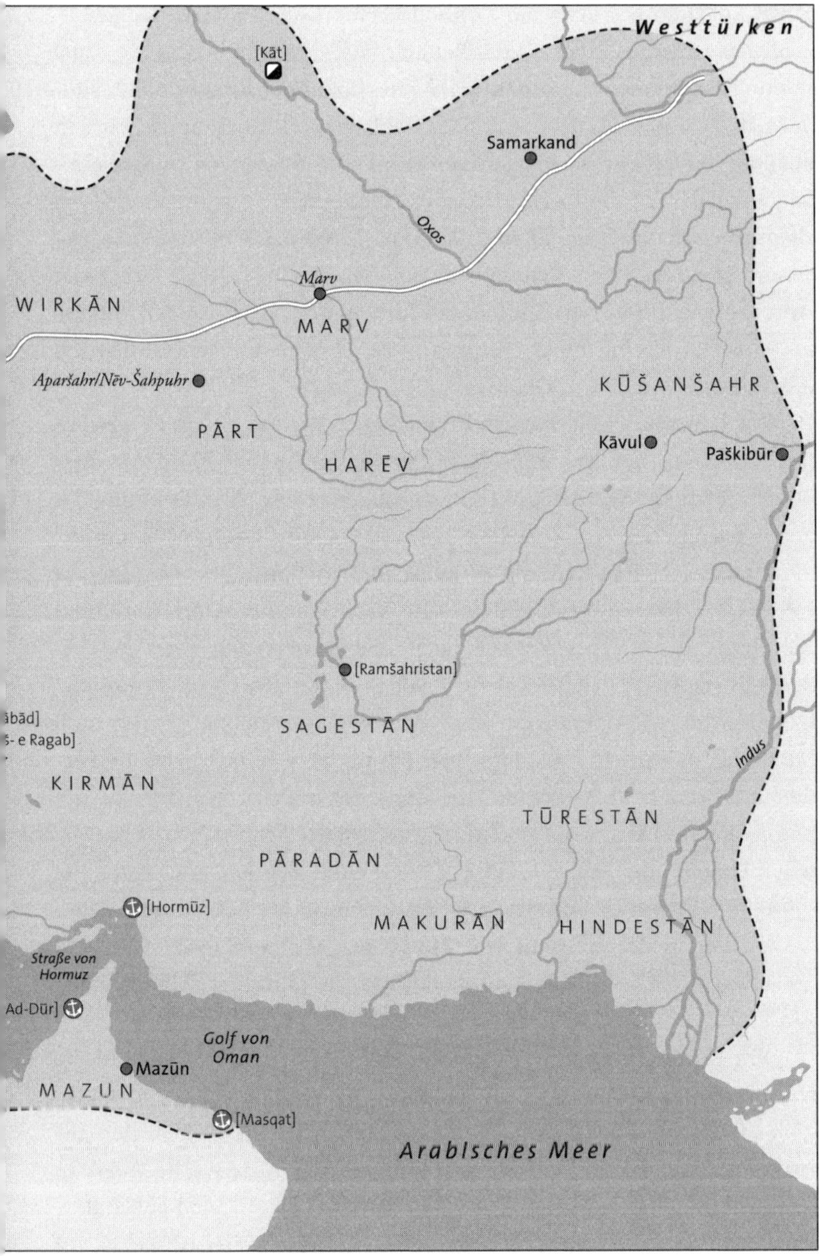
Westtürken
[Kāt]
Samarkand
Oxos
Marv
WIRKĀN
MARV
Aparšahr/Nēv-Šahpuhr
KŪŠANŠAHR
PĀRT
Kāvul
Paškibūr
HARĒV
[Ramšahristan]
ābād]
š- e Ragab]
SAGESTĀN
Indus
KIRMĀN
TŪRESTĀN
PĀRADĀN
[Hormūz]
MAKURĀN
HINDESTĀN
Straße von Hormuz
Ad-Dūr]
Golf von Oman
Mazūn
MAZUN
[Masqat]
Arabisches Meer

schen Soldaten nur etwa ein Zehntel beritten war, bestand das gleichgroße parthische Heer ausschließlich aus Reitern, darunter rund 10 000 Kataphrakten (gepanzerte Reiter). Nicht nur Crassus selbst, sondern auch die Hälfte der römischen Soldaten verlor bei dieser Schlacht ihr Leben. Darüber hinaus gerieten rund 10 000 Soldaten in Kriegsgefangenschaft und die Legionsadler in Feindeshand, was im alten Rom als große Schande galt. Damit war klar: Rom hatte es im Osten mit einem gleichwertigen Gegner zu tun! Auch ein Feldzug des Marc Anton – erst Bündnispartner, dann Todfeind des nachmaligen Augustus –, der 36 v. Chr. nicht weniger als 16 Legionen gegen die Parther führte, endete in einem Desaster für die Römer.

Nach diesen schmerzhaften Erfahrungen wechselte Kaiser Augustus (27 v. Chr.–14 n. Chr.) schließlich auf diplomatisches Terrain. Unter seiner Herrschaft wurde der Euphrat als Grenze zwischen Rom und der neuen parthischen Supermacht ausgehandelt – eine Grenze, die immerhin bis zur Eroberung Mesopotamiens durch Septimius Severus im Jahr 198 n. Chr. Bestand haben sollte. Dem ungeachtet strengten die Römer allerdings auch in der Zwischenzeit die Erweiterung ihres Machtbereichs an. Kaiser Trajan (98–117) gelang es, kurzfristig das Römische Reich nach Mesopotamien und Babylon auszudehnen, und auch Lucius Verus (161–169) kämpfte von 162 bis 164 n. Chr. gegen die Parther in Syrien und Armenien. Im Zuge der militärischen Erfolge des Kaisers Septimius Severus (193–211), die von der Eroberung der parthischen Hauptstadt *Ktesiphon* 198 n. Chr. gekrönt wurden, entstanden die römischen Provinzen *Mesopotamia* und *Osrhoene*. 217 n. Chr. bescherten die Parther in der Schlacht von *Nisibis* den Römern unter Caracalla (211–217) wieder eine schwere Niederlage, die in hohen Tributzahlungen Roms mündete.

Mit König Artabanos IV. (Großkönig von 213 bis 224) endete die Herrschaft der Parther über ihr Riesenreich. Ardaschir I., der dem Geschlecht der Sassaniden entstammte, strebte die Vormacht über den gesamten Iran an. In der Schlacht von Hormuzdagan 224 v. Chr. tötete er Artabanos und setzte sich in den folgenden zwei Jahren auch gegen dessen Nachfolger Vologaeses VI. durch. Seine Machtübernahme ist auf einem der berühmten Felsenreliefs in Naqš-e Rostam in der iranischen Südprovinz Fars (dem antiken Pars oder Persia) abgebildet: Ohrmazd – Schöpfergott im persischen Zoroastrismus – übergibt Ardaschir den Ring der Macht. Beide sind beritten und werden jeweils durch eine Inschrift auf der Brust ihres Pferdes namentlich bezeichnet. Unter den Hufen von Ardaschirs Pferd liegt der getötete letzte Partherkönig Artabanos.

Der neue Herrscher übernahm die alten parthischen Reichsteile und wurde damit zum Begründer des sassanidischen Reiches. So berichtet der römische Geschichtsschreiber Cassius Dio: «Denn ein Perser Artaxerxes [Ardaschir] besiegte die Parther in drei Schlachten, tötete ihren König Artabanos und unternahm einen Feldzug gegen Hatra, um sich einen Ausgangspunkt zu Angriffen auf die Römer zu schaffen. Tatsächlich gelang es ihm, eine Bresche in die Mauer zu schlagen, doch kostete ihm ein Hinterhalt viele Soldaten, worauf er sich gegen Medien wandte. Von diesem Land und ebenso von Parthien nahm er teils mit Gewalt, teils schon durch den bloßen Schrecken nicht geringe Teile in seinen Besitz und rückte sodann gegen Armenien vor [...]» (Cassius Dio 80,3). Als Herrschaftsmittelpunkt baute Ardaschir die alte parthische Hauptstadt *Ktesiphon* aus, die südöstlich von Bagdad im heutigen Irak liegt. Die Grenzen des sassanidischen Reiches umfassten in etwa das Territorium des alten parthischen Reiches. Im Laufe der Zeit jedoch gewannen die Sassaniden sogar noch Gebiete im Nordosten hinzu. Für Rom hingegen hatte sich nichts geändert. Die Provinzen Mesopotamien und Syrien waren nach wie vor in Gefahr; diese ging nun allerdings nicht mehr von den Parthern, sondern von den Sassaniden aus.

Die im nördlichen Irak gelegene Stadt *Hatra* gehörte bis zum Sturz des Artabanos zum Partherreich. Die kreisförmig angelegte Stadt, in deren Mitte sich ein großer Tempelkomplex befand, maß im Durchmesser etwa zwei Kilometer. Sie war stark befestigt, d. h. von drei Mauern umgeben, die wiederum mit rund zweihundert Türmen versehen waren. Darauf war eine für die damalige Zeit hochmoderne Artillerie stationiert, die weithin berüchtigt war. *Hatra* suchte im Zuge der

Machtübernahme durch Ardaschir die Unterstützung Roms. So wurde die Stadt zu einem zentralen Konfliktherd der römisch-sassanidischen Auseinandersetzungen. Drei lateinische Inschriften bezeugen, dass 235 und 238 n. Chr. in *Hatra* römische Einheiten stationiert waren; die Garnison befand sich dort vermutlich bis zur Eroberung der Stadt durch Ardaschir bzw. seinen Sohn Schapur I. in den Jahren 240/241 n. Chr. Die gewaltigen Belagerungsringe, die Ardaschir in dieser Zeit angelegt hatte, konnten in den vergangenen Jahren mit Hilfe der Luftbildarchäologie in ihrer ganzen Ausdehnung nachgewiesen werden. Leider ist die Erforschung der gut erhaltenen Stadt, die von der UNESCO zum Weltkulturerbe erklärt wurde, mittlerweile zum Erliegen gekommen: 2015 wurde von gewaltigen Zerstörungen in *Hatra* durch den Islamischen Staat berichtet.

Die sassanidischen Truppen waren den römischen Einheiten insbesondere deshalb überlegen, weil sie gepanzerte Reiterstaffeln in ihren Reihen hatten. Diese Panzerreiter, die in den römischen Quellen als *Clibanarii* bezeichnet werden, waren besonders gut geschützt. Sogar ihre Pferde verfügten über einen Panzer, der den ganzen Körper der Tiere vor Verletzungen bewahren sollte. Zur Ausrüstung der Reiter selbst gehörten ganz aus Eisen gefertigte Spangenhelme, die außerordentlich massiv waren und entsprechend hohen Schutz boten. Ein Helm dieser Art wurde beispielsweise in *Dura Europos* gefunden, einer griechischen Stadt, die am Euphrat auf dem Gebiet des heutigen Syrien lag. Er besteht aus zwei Halbschalen, die mit zwei innen und außen liegenden, von der Stirn zum Nacken führenden Spangen verbunden sind. Die Stirn war durch eine eigene, T-förmige Platte geschützt, deren Fortsatz über die Nase führte. Wangen und Nacken waren mit Ketten bedeckt. In unrestauriertem Zustand wog das Stück über vier Kilo. Ähnliche Helmtypen wurden von der römischen Armee erst in der Spätantike verwendet! Vermutlich konnten die Sassaniden aufgrund ihrer starken Panzerung auf einen Schild verzichten. Um den Körperpanzer lief der Schwertgurt, in dem ein gut ein Meter langes Schwert mit 5 bis 8,5 Zentimeter breiter Klinge steckte. Als wichtigste Bewaffnung dienten Pfeil und Bogen sowie eine lange Stoßlanze. In der schweren Panzerung bestand eine wesentliche Neuerung gegenüber den parthischen Reitern, die nur leicht bewaffnet waren. Entsprechend gefürchtet waren die berittenen Bogenschützen: Mit ihren Reflexbögen trafen sie – von Kindheit an trainiert – mit hoher Genauigkeit und Schussfrequenz. Auf 50 bis 60 Meter konnten die Pfeile sogar Panzerungen durchschlagen. So war bei den Römern der sogenannte ‹parthische Schuss› besonders gefürchtet. Hatten die Sassaniden doch von ihren Vorgängern eine besondere Fertigkeit übernommen: Sie waren in der Lage, aus dem Sattel heraus mit einer Körperdrehung nach hinten zu schießen. Die Stoßlanze wurde in verschiedener Weise eingesetzt. Gegen die Infanterie konnte sie zumeist einhändig geführt werden, gegen andere Reiter dagegen wurde sie beidhändig gehalten. Das verschaffte mehr Stabilität im Sattel; schließlich galt es, den Gegner mit einem Treffer in der Magengegend vom Pferd zu stoßen. Wir wissen um diese Kampfweise unter anderem, weil sie auf den oben erwähnten Felsenreliefs von Naqš-e Rostam dargestellt ist.

Ardaschir fiel mit seinen sassanidischen Truppen 230 n. Chr. in Mesopotamien, Syrien und Kappadokien ein. Zwar scheiterte sein Angriff auf *Hatra*, dennoch war die Lage für die Römer sehr ernst. Das zeigt sich daran, dass Kaiser Severus Alexander (222–235) schon ein Jahr später in den Perserkrieg aufbrach. Einerseits versuchte er mit allen diplomatischen Mitteln, Ardaschir vom Krieg abzubringen. Gleichzeitig schwor er das Heer auf einen möglichen Krieg ein – nicht ohne Not, wie sich herausstellte. Denn seine Bemühungen um Frieden scheiterten. Infolgedessen teilte er das Heer auf: Eine Abteilung marschierte in Richtung Armenien, um in Medien einzufallen; eine zweite marschierte in Richtung des Zusammenflusses von Euphrat und Tigris. Die Elitetruppen unter seiner Führung rückten auf der zentralen Route über *Palmyra* auf *Hatra* vor. Während im Norden und Süden die ersten Operationen erfolgreich waren, hielten sich die dem Kaiser unterstellten Gruppen vornehm zurück. Herodian (6,5,8–9) schreibt, dass der Kaiser um sein Leben gefürchtet und ihm auch seine besorgte Mutter von einem eigenen Feldzug abgeraten habe. Schlussendlich brachte diese Zögerlichkeit den römischen Vorstoß jedoch zum Erliegen. Die

Truppen konnten sich nicht, wie verabredet, vereinigen, so dass es Ardaschir gelang, die nördliche Armee zu vernichten.

Daraufhin regte sich in der eigenen Truppe Zorn auf den untätigen Kaiser, der sich in die Metropole *Antiochia* am Orontes beim heutigen Antakya in der Türkei zurückgezogen hatte, um ein neues, schlagkräftiges Heer um sich zu sammeln. Dass er dort auch die Annehmlichkeiten des städtischen Lebens genoss, war seinem Ansehen unter den Soldaten ebenfalls wenig zuträglich. Mit Geldgeschenken versuchte Severus Alexander daher, die Truppen zu besänftigen. Zu seinem Glück waren die Verbände von Ardaschir durch die Kämpfe derart geschwächt, dass dieser sie in die Heimat entlassen musste. Die persische Grenze blieb deshalb für die kommenden drei bis vier Jahre von Angriffen verschont. Die Situation mündete in einem klassischen Patt, der in Rom jedoch als Sieg verkauft wurde. In der Historia Augusta (Severus Alexander 55–56) wird geradezu ein Loblied auf den Kaiser angestimmt. Darin heißt es, dass er Ardaschir besiegt, 120 000 Reiter zersprengt, 10 000 Panzerreiter getötet, Mesopotamien zurückerobert sowie reiche Beute und viele persische Kriegsgefangene gemacht habe. Kaum zurück in Rom, feierte Severus Alexander seinen großen Triumph über die Perser. Dieser Triumph findet sich auch in der Münzprägung wieder: 233 n. Chr. erschien eine Münze, auf der die personifizierten Flüsse Euphrat und Tigris Severus Alexander zu Füßen liegen und Victoria ihn mit dem Siegeskranz krönt. Allerdings fällt auf, dass weder auf den Münzen noch auf Inschriften der Siegestitel *Parthicus maximus* oder *Persicus maximus* erscheint. Dazu passt, was der islamische Historiker al-Tabarī über Ardaschir schreibt: «Beständig war er ruhm- und siegreich; nie wurde sein Heer geschlagen oder sein Banner zurückgetrieben» (vgl. Nöldeke 21).

Bald darauf erreichten die römischen Truppen im Nahen Osten schlechte Nachrichten aus den Stützpunkten an Rhein und Donau: Germanische Verbände hatten beide Flüsse überschritten, überrannten Militärlager und Städte und verheerten die provinzialrömischen Gebiete. Sogar Italien selbst war in Gefahr; die Stimmung in der Truppe wurde dadurch sicherlich nicht gehoben. Zum einen waren die Soldaten nach den verlustreichen Kämpfen gegen Ardaschir kriegsmüde; zum anderen fürchteten jene Soldaten, die ursprünglich aus den nordwestlichen Provinzen stammten, nun zudem um ihre Familien in der Heimat. Severus Alexander hatte keine Wahl: Er musste seine Truppen an den Rhein verlegen.

KAPITEL 3

DIE GERMANENEINFÄLLE UM 233 N. CHR.

Während sich der Kaiser im Abwehrkampf gegen die Sassaniden befand, trafen schwerwiegende Einfälle germanischer Verbände die Provinzen Obergermanien und Raetien. Die römischen Kräfte waren an der Front im Orient gebunden, und so waren die provinzialrömischen Gebiete den Germanen schutzlos ausgeliefert.

Dass wir heute eine klare Vorstellung über die Zerstörungen während dieser Jahre um 233 n. Chr. in Obergermanien haben, verdanken wir dem Archäologen Bernd Steidl. Es sind archäologische und historische Gründe, die uns die Schlussfolgerung erlauben, dass diese Einfälle der Germanen in der Zeit zwischen 231 und 234 n. Chr. stattgefunden haben. Vieles spricht dafür, dass es sich dabei nicht um *eine* große Invasion eines riesigen Heeres, sondern um eine Vielzahl von Einfällen handelte, die sich im Laufe von drei Jahren ereigneten. Es sind keramische Befunde – insbesondere Töpferware aus weißem Ton sowie aus ganz bestimmten Sigillata-Töpfereien –, die in verschiedenen Zerstörungshorizonten entlang der obergermanischen Limesabschnitte auftauchen und diese so miteinander in Verbindung bringen. Da man in allen jüngeren Grabungen in der hessischen Wetterau Brandschichten entdeckt hat, liegt die Vermutung nahe, dass die ganze Region von schweren Zerstörungen heimgesucht wurde. Die Verwüstungen reichen dabei bis hinüber auf die südliche Seite des Mains.

Der folgende Überblick geht auf Forschungsergebnisse von Bernd Steidl zurück und zeigt das Ausmaß der Zerstörungen: Betroffen waren

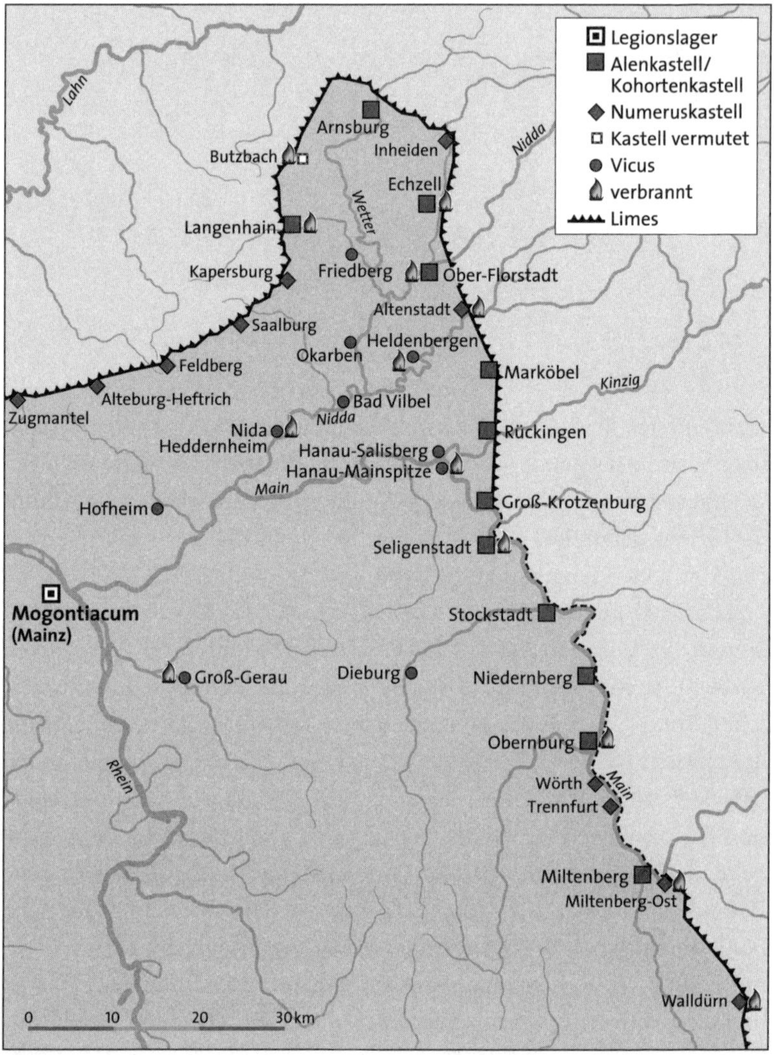

9 Zerstörungen am obergermanischen Limes im Jahr 233 n. Chr.

die Lager von Altenstadt, das Kastell und die Zivilsiedlung von Echzell, vermutlich das Kastell von Butzbach, darüber hinaus die Lagerdörfer von Heldenbergen, Langenhain und Oberflorstadt, wahrscheinlich der Zentralort *Nida*, das heutige Frankfurt-Heddernheim. Die geographische Lage der Kastelle Arnsburg und Inheiden legt nahe, dass auch sie Opfer der Einfälle wurden. Bemerkenswert ist ein Münzschatz aus dem Kastell Oberflorstadt: Die jüngsten Münzen, die er birgt, stammen aus den Jahren 232/233 n. Chr. – also gerade aus den Jahren der Germaneneinfälle.

Im Lagerdorf Heldenbergen (etwa 20 Kilometer nordöstlich von Frankfurt) wurden Spuren dramatischer Zerstörungen dokumentiert. Man hat dort an elf Plätzen, die über die Siedlung verstreut sind, fast sechzig Skelettteile gefunden – grausige Zeugnisse gewalttätiger Auseinandersetzungen. Bei den Toten handelt es sich ausschließlich um Männer: Eine genauere Untersuchung ergab, dass einige von ihnen Schädelverletzungen erlagen, die ihnen durch Schwerthiebe im Kampf beigebracht worden waren. Keiner der Gefallenen wurde regulär bestattet – die Skelettreste fanden sich in Gruben, Schächten, Brunnen und Kellern. Dass die Skelette nicht unversehrt, sondern in Einzelteilen aufgefunden wurden, lässt vermuten, dass die Leichen bereits skelettiert waren, als man sie an diesen Orten unter die Erde brachte. Der Provinzialrömische Archäologe Wolfgang Czysz rekonstruiert die Vorgänge folgendermaßen: Während des Überfalls brannten die Häuser im Lagerdorf nieder. Die Leichen der Opfer wurden nach dem Brand zurückgelassen, und nach und nach eroberte sich die Natur das Gebiet zurück. Später verschwand die Stätte des Gemetzels vollständig unter den im Laufe der Jahre einstürzenden Ruinen. Andere Funde lassen noch weitere Schlussfolgerungen zu: So dokumentieren Pferdeknochen, dass am Gefecht auch Kavallerie beteiligt war; Bogenwaffen und Lanzen zeugen von germanischen Kriegern, ebenso wie eine mit Silberpressblech verzierte Eberscheibenfibel – ein Zeugnis germanischer Kultur. Die Körper der gefallenen Germanenkrieger blieben unbestattet auf fremdem Boden zurück – dem gefallenen Feind wurde also nicht die Ehre eines Begräbnisses zuteil. Insgesamt kann man von mindestens zwei Aalen lagern (Reiterlagern), drei Kohorten- und zwei Numeruskastellen ausgehen, die von den Zerstörungen in der Wetterau betroffen waren.

Selbst südlich des Mains wurden noch einzelne Kastelle und zugehörige Lagerdörfer vernichtet – darunter das Kastell von Groß-Gerau, das Numeruskastell Miltenberg/Bürgstadt, die Lagerdörfer von Seligenstadt und Walldürn, die Benefiziarierstation (ein Posten der römischen Straßenpolizei) von Obernburg sowie vermutlich die Siedlung von Hanau-Steinheim. In Miltenberg brannten zwar große Teile der hölzernen Kastellbebauung nieder, doch wurden sie nach der Katastrophe – wenn auch stark verändert – wiederaufgebaut. Ganz in der Nähe, in Kleinheubach, fand man zwei Bronzegefäße, die wohl in der Zeit der Germaneneinfälle dort versteckt worden sind. Den Angriffen fielen auch Zeichen römischer Staatsmacht zum Opfer: In der Benefiziarierstation wurden die Altäre mit der Schriftseite nach unten umgestoßen, so dass man die Inschrift nicht mehr lesen konnte – wenn das auch wenig tröstlich für die Opfer war, so blieben doch auf diese Weise die Inschriften bis auf den heutigen Tag erhalten. Die Germanen zerschlugen zudem viele der Weihedenkmale, die dem obersten römischen Gott, Iuppiter Optimus Maximus, gewidmet waren, warfen die Überreste in Brunnenschächte und plünderten den gesamten Ort.

Im ehemaligen Raetien erkennen wir den Zerstörungshorizont aus diesen Jahren vor allem im Westen der Provinz. Obgleich das Ende des Kastells von *Vetoniana* (Pfünz) nicht ganz unumstritten ist, wurde es wahrscheinlich gleichfalls zur Zeit dieser Einfälle stark in Mitleidenschaft gezogen. Das jedenfalls legt ein Münzschatz mit einer Schlussmünze aus dem Jahr 232 n. Chr. aus dem Dolichenus-Heiligtum im Lagerdorf nahe. (Römische Truppen hatten den Kult des Iuppiter Optimus Maximus Dolichenus, der einst in der Landschaft Kommagene im Südosten Kleinasiens durch eine Identifikation des römischen Hauptgottes mit dem syrischen Gott Baal von Doliche entstanden war, seit der zweiten Hälfte des 2. Jahrhunderts n. Chr. auch in den römischen Provinzen verbreitet.) Die wenigen Münzen späteren Datums gehen wohl auf eine Nutzung des Ortes nach der Katastrophe zurück. Auch in Pfünz fanden sich Skelettreste: Im Mittelgebäude entdeckte man die sterblichen Überreste eines angeketteten Gefangenen und im Südtor solche gefallener Soldaten. (Siehe zum Aufbau von römischen Kastellen die Abbildung Straubing, S. 28) Diese sind wahrscheinlich bereits während des ersten Angriffs umgekommen, der dem am leichtesten zugänglichen Südtor galt. Die Soldaten hatten nicht einmal mehr Gelegenheit, ihre Schilde zu ergreifen, die bei der Ausgrabung noch im Ostturm dieses Tores entdeckt wurden. Man kann daraus schließen, wie vollständig die Überraschung der römischen Truppen gewesen sein muss, die dort stationiert waren, als sie überrannt wurden. An Rettung – auch dafür sprechen diese Zeugnisse des grausamen Überfalls – war nicht mehr zu denken.

Im Oberallgäu, nahe der Stadt *Cambodunum* (Kempten), zeugen die Horte von Wiggensbach und Rembrechts von den Ereignissen des Jahres 233 n. Chr. Der Numismatiker Hans-Jörg Kellner rekonstruierte anschaulich das Geschehen, das zur Deponierung des Hortes von Wiggensbach führte: Als die Katastrophe über Kempten hereinbrach und die Germanen einfielen, raffte ein Kemptener Ehepaar seine Barschaft und seinen wertvollen Schmuck zusammen und floh Richtung Westen in die Wälder. Aber schon nach acht Kilometern, beim heutigen Wiggensbach, überkamen die beiden Zweifel, ob ihnen die Flucht so gelingen würde. Daher begruben sie ihre Kostbarkeiten im Boden in der Hoffnung, ohne die Last ihrer Habe eher ihr Leben retten zu können. Offenbar ist ihnen dies nicht gelungen, so dass der Schatz erst in unseren Tagen wieder gehoben werden konnte. Dieser Schatz von Wiggensbach barg 407 Silbermünzen, zwei goldene Ohrgehänge, zwei filigran verzierte, silberne Scheibenfibeln, einige Emailfibeln, Fingerringe und Halsketten sowie weitere Objekte. Auch der Hort von Kirchmatting im Landkreis Straubing-Bogen, also im Osten Raetiens, von dem stattliche 1169 Denare gesichert werden konnten, stammt aus dem Jahr 233 n. Chr. Da dieser Fund jedoch bisher weitestgehend isoliert, also ohne Verbindung zu weiteren Funden im Osten Raetiens, zu stehen scheint, haben die antiken Besitzer ihr Vermögen wohl eher vorsorglich – vor dem Hintergrund der Ereignisse weiter westlich – hier deponiert und sind möglicherweise noch davongekommen. Doch auch wenn sie ihren

Besitz nicht auf der Flucht vor der akuten Bedrohung vergraben haben sollten, so sind sie dennoch nicht noch einmal zurückgekehrt, um ihn wieder an sich zu bringen. Mit Hilfe des Münzschatzes hat die ältere Forschung auch das Ende des Ostkastells von *Sorviodurum* (Straubing) mit diesen Germanen-Einfällen in Verbindung gebracht; Neufunde belegen aber, dass diese Verteidigungsanlage auch noch nach dem dramatischen Ereignis länger in Betrieb war.

KAPITEL 4

AM VORABEND DES GERMANIENFELDZUGES

Man schreibt das Jahr 234 n. Chr., als die römischen Armeen nach langen Märschen und vielen Strapazen das Rhein-Main-Gebiet erreichen. Dort, am römischen Legionslager Mogontiacum, *schlagen sie ihr Lager auf der linken Rheinseite auf ...*

Auf dem Kästrich, einem Plateau westlich über der heutigen Altstadt von Mainz – gerade gegenüber der Stelle, wo der Main in den Rhein mündet –, hatte man bereits in augusteischer Zeit ein 36 Hektar großes Doppellegionslager angelegt. Es sollte das Ausgangslager für alle Operationen nach Germanien aus dieser Region werden. Gegenüber der Mainmündung lag auch der strategisch bedeutende Hafen von Mainz. Seit dem späten 1. Jahrhundert n. Chr. befand sich nur noch eine Legion im Mainzer Lager, die *legio XXII Primigenia*, welche die Stammlegion bis ins 4. Jahrhundert hinein bleiben sollte.

Die Silhouette der Hauptstadt der Provinz *Germania Superior* war geprägt durch die hoch aufragenden steinernen Mauern dieses Legionslagers; davor lag ein zehn Meter breiter und vier Meter tiefer Graben. Markant untergliederte die *porta praetoria* (das Haupttor) das Erscheinungsbild der Ostumwehrung zum Rhein hin. Ein großer Sandsteinaquädukt führte von Südwesten, aus Mainz-Finthen, auf das Lager zu, um dessen Wasserversorgung vollständig und teilweise auch die der Stadt zu gewährleisten. Noch heute ragt mächtig der Drususstein, das Ehrenmal für den 9 v. Chr. verstorbenen Stiefsohn des Kaisers Augustus, zwanzig Meter hoch in den Himmel. Unweit davon liegt das massive

Bühnentheater, das größte nördlich der Alpen, das in der Antike circa zehntausend Zuschauer fasste.

Vom Fuß des Kästrichplateaus erstreckten sich bis zum Rheinufer und nach Süden die *canabae*, d. h. die Zivilsiedlung des Lagers. Die Bebauung reichte dicht bis an das Lager heran. Am Rheinufer ankerten zahllose Schiffe. Sie gehörten nicht nur zur regulären Handels- bzw. Militärflotte, die in *Mogontiacum* stationiert war, sondern sollten zudem der Logistik des riesigen Heeres dienen, das im Jahr 234 n. Chr. vor der Stadt aufmarschierte. Von *Mogontiacum* führte eine über sechshundert Meter lange Brücke auf die gegenüberliegende Rheinseite, wo das *Castellum Mattiacorum* lag, eine am rechtsrheinischen Brückenkopf von Mainz entstandene Kleinstadt im Ortsteil Mainz-Kastel des heutigen Wiesbaden. Ein wenig rheinaufwärts befindet sich das heutige Weisenau – in der Antike eine florierende Handwerkersiedlung mit Schiffsanlegestelle –, rheinabwärts die ‹Hafensiedlung Dimesser-Ort›. Um *Mogontiacum* herum erstreckten sich die Gräberfelder der Stadt und einige ländliche Siedlungen. Ein großes Feldlager wäre heute also am ehesten westlich des Legionslagers und seiner *canabae* zu suchen. Man hat vermutet, dass es in Mainz-Bretzenheim lag, obwohl dort bisher keine dichte römische Besiedlung nachgewiesen wurde. Aber auch, wenn dort eine moderne Gedenktafel von der Ermordung des Kaisers Severus Alexander (208–235 n. Chr.) kündet, so bleibt diese Lokalisierung eine reine Vermutung.

Severus Alexander steht an der Spitze der Verbände, beraten von seiner Mutter Iulia Mamaea, die immer noch Einfluss nimmt auf seine Regierungsgeschäfte. Nach den verlustreichen Feldzügen gegen die Sassaniden können die beiden nicht mehr auf die Sympathie des ganzen Heeres rechnen. Die Situation im Vorfeld von Mainz ist dramatisch: Die Germaneneinfälle haben zahllose Menschenleben gefordert; viele haben ihr Hab und Gut verloren. Die Gebiete auf der rechten Rheinseite bis in die Wetterau hinauf, die ursprünglich der Obergermanisch-Raetische Limes sicherte, sind nicht mehr zugänglich, viele rechtsrheinische Militäranlagen zerstört. Nicht wenige der einst aus Obergermanien aufgebrochenen Soldaten, die nun vom Krieg in Asien zurückkehren, können ihre Angehörigen und Freunde nicht mehr in die Arme schließen. Sie sinnen auf

Rache! Andere wiederum – Legionstruppen, verschiedene Hilfstruppen, darunter Marusier, d. h. Speereschleuderer aus Mauretanien, Bogenschützen aus Osrhoene, dem heute syrisch-türkischen Grenzgebiet, und Armenien sowie persische Hilfstruppen – hoffen, reiche Beute auf dem bevorstehenden Feldzug zu machen.

Den Hauptverband des römischen Heeres bildeten die Legionstruppen, hinzu kam ein großes Kontingent Hilfstruppen, insbesondere Reiterei. Welche Legionen an dem 234 n. Chr. bevorstehenden Unternehmen beteiligt waren, lässt sich nur schwer rekonstruieren. Die Inschrift auf einer Dolabra – einer Kreuzhacke –, die am Harzhorn gefunden wurde, deutet darauf hin, dass eine Abteilung der *legio IIII Flavia Felix* aus *Singidunum*, dem heutigen Belgrad, vor Ort stationiert war. Auch darf man annehmen, dass die *legio II Parthica* an diesem Unternehmen beteiligt war, da sie gleichsam als Stammtruppe des Kaisers nahe Rom lagerte. Für den persönlichen Schutz des Kaisers aber sorgte die Prätorianergarde. Unter den Heimkehrern von den Kämpfen mit den Sassaniden befanden sich sicherlich auch Soldaten der ober- und niedergermanischen Legionen. Dazu gehörten Verbände, die von der *legio XXII Primigenia* aus *Mogontiacum* (Mainz) zum Heer des Kaisers abkommandiert waren. Auch scheint es denkbar, dass Angehörige der *legio XXX Ulpia Victrix* aus der *colonia Ulpia Traiana* (Xanten), der *legio I Minervia* aus *Bonna* (Bonn) und der *legio VIII Augusta* aus *Argentoratum* (Straßburg) zu den Einheiten gehörten. Das Rückgrat des Heeres sollen den Quellen zufolge – insbesondere nach den Angaben des Historikers Herodian (etwa 180–250 n. Chr.) – allerdings Verbände aus dem Donauraum gebildet haben. Hinzu kamen Hilfstruppen, die für das Unternehmen abkommandiert worden waren; vermutlich stammten sie im Wesentlichen aus den Rhein- und Donauprovinzen.

Unter den Reitern befanden sich auch Germanen, die zu dieser Zeit allgemein als gute Kämpfer zu Pferde galten. Die Marusier hingegen stammten aus Nordafrika; auch einige ihrer Einheiten waren beritten – sie waren, wenn man Herodian glauben darf, berühmt für ihre Treffsicherheit mit dem Speer. Organisiert waren sie in sogenannten *numeri*, Verbände, die in ihrem Fall rund fünfhundert Mann stark waren

Spezialisten des Kriegshandwerks waren auch die Bogenschützen aus Osrhoene und Armenien. Sie verwendeten Reflexbögen, die in Kompositbauweise aus Holz, Bein, Horn und weiteren Materialien gefertigt waren und eine hohe Reichweite und Durchschlagkraft besaßen. Diese Krieger waren insbesondere darin geübt, ihre Ziele auch vom Rücken eines Pferdes aus genau zu treffen. Die speziellen Fähigkeiten der Mauren und der orientalischen Bogenschützen verschafften dem römischen Heer Vorteile in der Auseinandersetzung mit den Germanen, die ihnen im Kampf Mann gegen Mann ebenbürtig waren. Unter den Soldaten befanden sich nach den Angaben Herodians darüber hinaus übergelaufene Perser, die nun als Söldner oder Kriegsgefangene unter römischem Befehl dienten.

Die Zeit vergeht, der Winter 234/235 zieht ins Land. Der Kaiser lässt zwar die Truppen den Einsatz gegen Germanen trainieren, aber das einzige Anzeichen, das tatsächlich für einen bevorstehenden Feldzug spricht, ist der Bau einer Schiffsbrücke über den Rhein. Dieses Bauwerk zu errichten, dient dem Kaiser und seiner Mutter zugleich für Propagandazwecke: Sie lassen ein Medaillon prägen, dessen Rückseite die Schiffsbrücke zeigt. Auf der Vorderseite prangen die Porträts von Severus Alexander und Iulia Mamaea. Doch abgesehen davon geht der Kaiser unübersehbar für seine Truppen seinem gewohnt luxuriösen Leben nach und huldigt dem Wagenrennen. Während er insgeheim eine Gesandtschaft zu den Germanen schickt, die den Frieden mit Geld erkaufen sollen, wollen seine Soldaten Krieg und drängen darauf, ins Feld aufzubrechen. So verschlechtert sich die Stimmung in der Truppe von Tag zu Tag, und die Stunde des Offiziers Maximinus rückt heran.

Der Beiname des Maximinus – Thrax, der Thraker – dürfte sich daraus erklären, dass er aus einem kleinen Dorf in Thrakien stammte; ganz unumstritten ist das nicht. Er war ein halber Barbar, diente bei der Kavallerie und wurde spätestens in dieser Zeit römischer Bürger. Anschließend erwarb er alle militärischen Ränge bis hin zum *Primus Pilus*, d. h. er stieg auf zum höchsten Zenturionen, und zwar noch unter Kaiser Caracalla. Nachdem er unter Kaiser Macrinus (217/18) kurzzeitig seinen Abschied vom Militärdienst genommen hatte, kehrte er während der Regierung des Kaisers Elagabal (218–222) wieder zurück. Damals bekleidete er vermutlich das Tribunat bei den Prätorianern und wurde in den Ritterstand erhoben. Severus Alexander (222–235) machte Maximinus schließlich zum *praefectus tironibus,* wodurch er fortan für die Ausbildung der Rekruten verantwortlich war. Die Historia Augusta berichtet, dass er von Severus Alexander gar zum Befehlshaber einer vierten Legion ernannt worden sei. Dies wird jedoch in der Forschung mit guten Gründen angezweifelt.

Als Maximinus in Mainz erscheint, hat die Unzufriedenheit weiter Kreise der Soldaten mit ihrem Oberbefehlshaber, Kaiser Severus Alexander, bedrohliche Ausmaße angenommen. Maximinus ist aus anderem Holz geschnitzt als der zögerliche und unentschlossene Imperator. So setzen die Truppen auf Maximinus. Dabei hoffen sie nicht nur auf künftige Beute, sondern auch auf schneller auszumünzende Vorteile. Während einer Übung legen sie ihm den Purpur um und rufen ihn zum Kaiser aus. Angeblich weist Maximinus zunächst das Amt zurück, nimmt es dann aber auf Drängen der Soldateska doch an. Vielleicht scheint es ihm lebensgefährlich, sich allzu lange bitten zu lassen. In dieser Situation befiehlt er den Soldaten, zu den Waffen zu greifen. Nun darf er keine Zeit mehr verlieren. Er schickt die Männer sofort zu Severus Alexander, um ihn, sein Gefolge und seine Leibwache zu überraschen. Der Befehl lautet, die kaiserliche Familie zu töten, doch so viele wie möglich aus deren Gefolgschaft zum Überlaufen zu bewegen. Severus Alexander und seine Mutter Iulia Mamaea befinden sich mit ihrem Gefolge in einem eigens für sie errichteten, prunkvollen Festzelt.

Regelmäßig wurden auf Feldzügen solche Zelte mitgeführt, um für die Kaiser und ihre Frauen einen Rahmen bereitzuhalten, in dem sie größtmögliche Annehmlichkeiten genießen konnten. Severus Alexander und seine Mutter machten in dieser Hinsicht keine Ausnahme. Wir können davon ausgehen, dass sie mit umfangreichem Gefolge unterwegs waren, vermutlich über 5000 Personen. Ob sich die kaiserliche Familie immer bei ihrem Tross aufgehalten oder sich nicht doch lieber der Vorzüge des Statthalterpalastes in Mainz erfreut hat, muss offenbleiben. Jedenfalls ereilte den Kaiser mitsamt seinem Gefolge sein Schicksal bei Mainz – oder aber, wenn man dem spätantiken Historiker Aurelius Victor (etwa 320–390) glauben will, noch in einem Ort in Britannien, der *Sicilia* hieß. Ob der Kaiser tatsächlich gar nicht bis nach Mainz gelangte oder er doch daselbst ermordet wurde – wir wissen es nicht sicher. Die Historia Augusta, Alex. Sev. 61, 2–6, nennt zwar nicht den Schauplatz des Geschehens, aber sie beschreibt den Tod des Herrschers am ausführlichsten: «Er hatte gerade nach seiner Gepflogenheit in aller Öffentlichkeit sein Frühmahl eingenommen, nämlich im offenen Zelt die gewöhnliche Soldatenkost; denn nichts anderes fanden die Soldaten, als sie das Zelt durchsuchten. Als der Kaiser nach dem Mahl Siesta hielt, da trat um die siebente Stunde einer von den germanischen Leibgardisten, während alles schlummerte, ein, wurde aber von dem alleine wach gebliebenen Kaiser erblickt. Alexander fragte ihn: ‹Was gibt's Kamerad? Bringst du eine Meldung vom Feind?› Der Angeredete erschrak heftig; in der Überzeugung, sein Betreten des Kaiserzeltes sei ein unverzeihliches Vergehen, begab er sich zu seinen Kameraden und forderte sie auf, den unbarmherzigen Kaiser umzubringen. Diese drangen unverzüglich in größerer Zahl mit den Waffen in der Hand ein, machten ihre waffenlosen Gegner nieder und durchbohrten den Kaiser selbst mit vielen Stichen.» Im Zuge dieser Bluttat fanden auch Iulia Mamaea, seine Mutter, und viele Getreue Alexanders den Tod. Severus Alexander wurde, geht man davon aus, dass er 208 n. Chr. geboren wurde, gerade einmal 26 Jahre alt. Dreizehn Jahre hatte seine Herrschaft gehalten. Nach seinem Tod wurde sein Name aus allen Inschriften getilgt, seine Bildnisse wurden zerstört. So fiel er der *damnatio memoriae* anheim. Dies alles geschah mit einiger Wahrscheinlichkeit vermutlich auf Veranlassung des Maximinus. Darauf dürfen wir schließen, weil Severus Alexander nach dem Tod seines Widersachers auf offiziellen Dokumenten rehabilitiert worden ist. So wurde nach dem Ende des Usurpators der Weg für den unglücklichen Kaiser in die Memoria, ja sogar in den römischen Götterhimmel wieder frei …

Mit Maximinus Thrax begann damals die Zeit der sogenannten Soldatenkaiser, die Unsicherheit und Leid über Rom und die Reichsangehörigen bringen sollte. Bürgerkriege und bewaffnete Konflikte an den Grenzen waren fortan an der Tagesordnung und wuchsen sich zu einer allumfassenden Krise aus, die erst Ende des 3. Jahrhunderts überwunden werden sollte.

KAPITEL 5

DER FELDZUG DES MAXIMINUS THRAX IM JAHR 235 N. CHR.

Maximinus gibt den Befehl, die Lücke in der Schiffsbrücke über den Rhein zu schließen, die man offen gehalten hatte, um einen ungehinderten Schiffsverkehr zu gewährleisten. Die Botschaft dieses Projekts ist unmissverständlich: Der neue Kaiser wird über den Fluss ziehen und seine Soldaten in den Kampf führen – anders als Severus Alexander. Der Tag kommt heran, an dem große Verbände, die sich aus den Detachements unterschiedlicher Einheiten und Waffengattungen zusammensetzen, den Rhein überqueren. Es ist ein atemberaubendes Schauspiel, das Tausende, vielleicht Zehntausende von Soldaten den Zuschauern bieten. So ergießt sich ein endlos scheinender Strom von Kriegern ins Feindesland …

Damit der Übergang selbst möglichst rasch erfolgte, konnte der Kaiser einen Teil der Truppen auch über die alte Rheinbrücke schicken, die mit ihrer rund zwölf Meter breiten Fahrbahn Entlastung brachte. Noch hatten die Verbände einige Meilen vor sich, die durch altes Provinzialgebiet führten, das wieder freigekämpft werden musste. Dann begann der Marsch ins Ungewisse.

Zwar waren römische Armeen immer wieder tief nach Germanien hinein vorgedrungen, doch nun betrat man gänzlich unbekanntes Territorium. Auf germanischer Seite hatten sich seit den Tagen des Domitian (81–96) die Kraftverhältnisse nachhaltig verschoben, neue politische Konstellationen waren entstanden. Die Rhein-Weser-Germanen waren den Römern gleichermaßen als alte Gegner und politische Partner wohlbekannt. Ihre Siedlungsgebiete erstreckten sich vom Rhein im

Westen bis zum Harz im Osten und von der norddeutschen Tiefebene, wo die Nordseegermanen siedelten, bis zum Main. Im Osten schlossen sich die Elbgermanen an, die, während der Elbraum ihr Kerngebiet bildete, von der Niederelbe bis Böhmen und Mähren beheimatet waren.

Archäologisch lassen sich diese Kulturräume vor allem durch die Bestattungssitten unterscheiden, die sich uns in den Grablegen offenbaren. Während wir bei den Elbgermanen fast ausnahmslos Urnenbestattungen antreffen, zeichnet sich das Rhein-Weser-germanische Gebiet vor allem durch ganz unterschiedlich gestaltete (meist) Brandgräber ohne Urnen aus. Die Rhein-Weser-Germanen siedelten in großen Streusiedlungen, während die Elbgermanen in großen, dorfartigen Ansiedlungen lebten. Sogar im Hinblick auf den Hausbau lassen sich Unterschiede feststellen: Die Rhein-Weser-Germanen griffen im 3. Jahrhundert provinzialrömische Vorbilder auf und errichteten Häuser mit einem großen Hauptraum, dessen Architektur ohne zusätzliche Stützpfeiler auskam, während die Elbgermanen ihre Häuser noch lange mit dem traditionellen dreischiffigen Kerngerüst anlegten. Vermutlich waren es die Elbgermanen, die die Rhein-Weser-Germanen kriegerisch unter Druck setzten und plündernd in die provinzialrömischen Gebiete vordrangen. Seit dem späten 2. Jahrhundert finden sich ihre Spuren – insbesondere sind es bestimmte Merkmale der Keramik, aber auch Fibeln – ebenfalls im Rhein-Weser-germanischen Gebiet. Rom war damit ein neuer Gegner entstanden! In den jungen Machtzentren standen den römischen Diplomaten damit plötzlich auch neue Verhandlungspartner gegenüber. So war die germanische Welt merklich in Bewegung geraten. Das einzige, worauf sich die römischen Strategen in dieser Welt noch verlassen konnten, waren die aus vergangenen Tagen bekannten Itinerare – die alten Aufzeichnungen über die Wege in Germanien.

Dem Zug, den Maximinus Thrax im Jahr 235 durch die Wetterau führt, schließen sich einige Verbände aus solchen Kastellen an, deren Besatzungen sich vor den anstürmenden Germanen hatten in Sicherheit bringen können. Sie sind an unterschiedlichen Waffen ausgebildet worden – Waffengattungen, die für das kaiserliche Heer von Nutzen sind. Unter jenen, die neu hinzustoßen, finden sich vermutlich auch Alen, d. h. Reiterverbände, aus Butzbach und Echzell –

beides Kastelle, die die Germanen gebrandschatzt haben. Diese Alen werden nie mehr an ihre alten Standorte zurückkehren, sondern beim Heer verbleiben. Alle anderen Einheiten aus unzerstörten Lagern wie etwa der Saalburg oder aus solchen Lagern, die sich im Wiederaufbau befinden, bleiben an Ort und Stelle, um die Nachschublinien zu sichern. Die römische Zivilbevölkerung hat man wegen der Bedrohungslage bereits im linksrheinischen Obergermanien in Sicherheit gebracht. Für Maximinus gilt es, das Übel an der Wurzel zu packen, wenn er es beseitigen will. Gleichzeitig muss er mit seinem rasch ins Werk gesetzten Feldzug die gerade übernommene Kaiserwürde sichern, um nicht wie Severus Alexander zu enden. Seine Truppen haben kein Interesse, Reparatur- und Wiederaufbaumaßnahmen durchzuführen. Diese Arbeiten müssen warten, bis ruhigere Tage kommen – wenn sie denn kommen.

Der Anblick, der sich der Armee bietet, lässt keinen Zweifel daran aufkommen, dass sie es mit einem gnadenlosen Gegner zu tun bekommen werden. Sie ziehen an Geisterstätten vorbei, die von brutaler Zerstörung künden – so am verwüsteten Nida, dem heutigen Frankfurt-Heddernheim. Nicht weniger gespenstische Bilder bieten sich dem Heerzug in offener Landschaft mit zahllosen verlassenen Gutshöfen.

Wann freilich diese römischen Gutshöfe in der Wetterau aufgegeben worden sind und in welchem zeitlichen Verhältnis diese Aufgabe zu den Lagerdörfern im Umfeld der Kastelle – den sogenannten Kastellvici – steht, ist noch nicht abschließend geklärt. Sicher ist, dass damals nur noch einige wenige Kastelle stehen – wie eben die nicht direkt im Aufmarschgebiet liegende Saalburg. Der Zug des Heeres geht in Richtung des heutigen Bad Nauheim, wo man zum ersten Mal campiert. Am nächsten Morgen überqueren die Verbände auf der Höhe des zerstörten Limeskastells Butzbach den Limes und dringen auf germanisches Gebiet vor. Augenzeugenberichte sprechen davon, dass meist unbekannte Stämme von Nordosten kommend in den römischen Machtbereich eingefallen waren. Mithin waren auch nicht die Rhein-Weser-Germanen Ziel des Feldzuges, die ja auch vielfältig mit den Römern verbündet waren, sondern die Bewohner der elbgermanischen Gebiete. Ganz besonders rückte das dicht besiedelte Thüringer Becken in den Fokus, von wo aus die Saale direkt der Elbe zufließt.

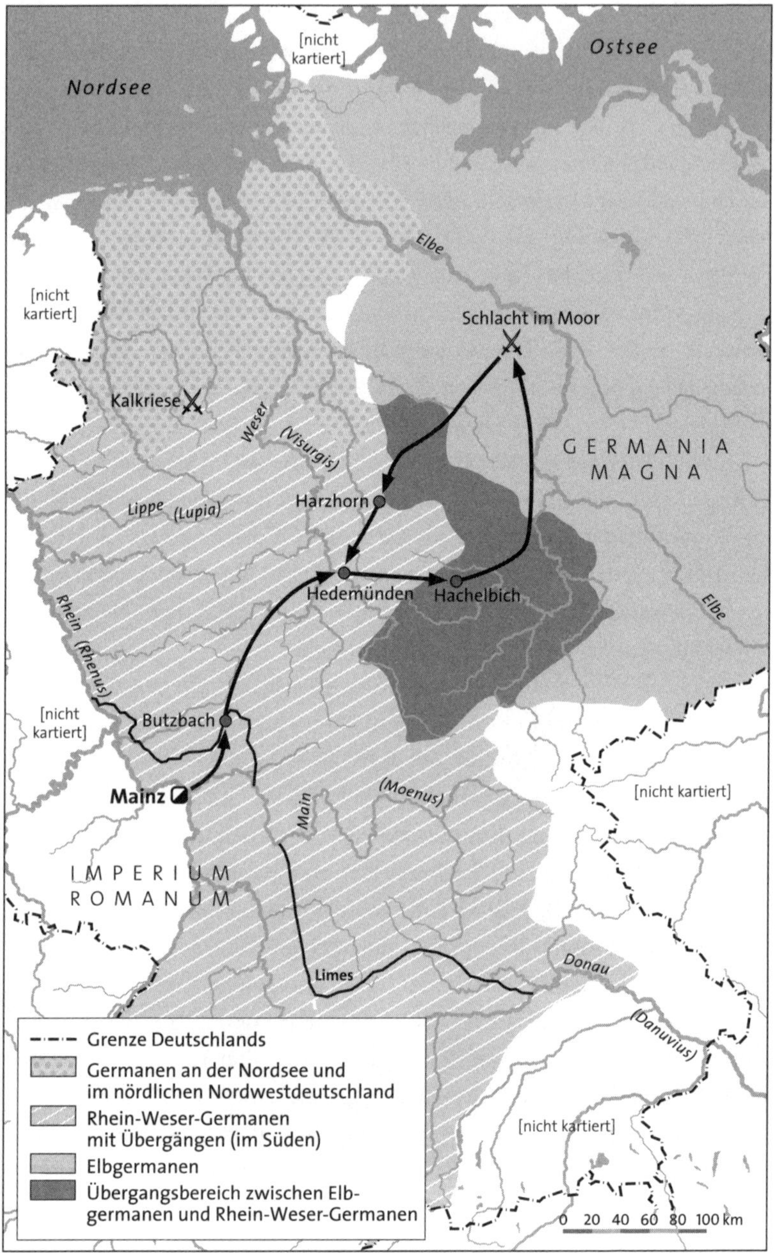

10 Der Weg der römischen Armee zum Harzhorn und zurück nach Mainz

Maximinus folgt mit seinem Heer dem alten Aufmarschweg lahnaufwärts über Fulda in Richtung Kassel bzw. Hannoversch-Münden, wo man bereits in augusteischer Zeit in Hedemünden, dort wo sich Werra und Fulda zur Weser vereinigen, einen Stützpunkt angelegt hatte. Diese Region ist den Römern gut bekannt; die Versorgung mit Nachschub aus dem Reichsgebiet ist unproblematisch. Das Gelände bietet ausreichend Platz, um das Heer in breiter Formation vorrücken zu lassen. Die Gefahren eines Defilees, bei dem die Legionen in lang aufgeschossener Reihe vorrücken, sind spätestens seit der Varusniederlage im Jahre 9 n. Chr. wohlbekannt. Einem erfahrenen Militär wie Maximinus wird ein so katastrophaler Fehler nicht passieren.

Berittene Hilfstruppen bilden die Vorhut. Sie erkunden und schirmen die riesige Armee vor möglichen Unwägbarkeiten. Mit ihnen reitet auch der Kaiser samt seiner Leibgarde. Er sucht nicht den Schutz seiner Legionen, sondern will auf alle Widrigkeiten schnell reagieren können. Hinter den Reitern marschieren Pioniere, die mit Kreuzhacken und Äxten im Bedarfsfall einen Weg in schwierigem Gelände bahnen sollen. Ihnen folgt die Masse der Legionsverbände, die mit der Reiterei an der Spitze im exerzierten Militärschritt gleichmäßig vorrücken. An jeden Legionsverband schließt sein Tross an: Maultiere und Wagen, die nicht nur Waffen befördern, sondern auch Ärzte, Truppenverwaltung und die Kriegskasse. Dahinter rücken die Infanterieverbände vor, die aus Hilfstruppen zusammengesetzt sind. Neben der Infanterie bilden Bogenschützen, Speerschleuderer und vielleicht auch schwere Panzerreiter das Gros der Truppen. Sie sorgen dafür, dass der Feldherr flexibel reagieren kann, wenn sich besondere militärische Herausforderungen ergeben sollten. Der Einsatz solcher Spezialisten ist für die Germanen eine unbekannte Größe – so etwas ist ihnen noch nie in der Schlacht begegnet. Derartige Einheiten machen das römische Heer für den Gegner unberechenbarer. Wie Auxiliarreiter die Vorhut der Truppen bilden, so folgen sie auch als Nachhut.

Viele Kilometer lang schob sich der Heerzug durch germanisches Territorium. Seine Tagesleistung lag bei zwanzig Kilometern. Die erste Etappe im Barbaricum führte durch nur wenig besiedeltes Gebiet zur Lahn. Seit den Kriegen im 1. Jahrhundert hatte Rom versucht, einen Streifen beidseits des Limes frei von Besiedlung zu halten, um die Grenze besser überwachen zu können. Auf provinzialrömischer Seite war dieser Streifen zwei Kilometer breit, auf barbarischer folgt ein zwar fruchtbares, aber unbesiedeltes Gebiet. Auf diesem Streifen weideten in Friedenszeiten die Pferde der römischen Reiterei. Das alles machte die erste Etappe für Maximinus noch relativ gut kalkulierbar.

*An der Lahn schlägt das Heer das erste Marschlager auf. Gräben werden ausgehoben und Wälle angehäuft. In der Mittagsstunde haben allen voran Pioniere diese Arbeiten durchgeführt. Ziehhacken mit schaufelförmigen Blättern kommen zum Einsatz, hölzerne Spaten und Körbe. Dann betreten die Rasenstecher die Szene; sie schützen mit ihrer Tätigkeit die Flanken der Wälle vor Erosion, indem sie Rasensoden auflegen und befestigen. Im Innern des viele Hektar großen Lagers jedoch schlägt gleichzeitig das Heer dicht gestaffelt seine ledernen Zelte auf. Von den Mannschaftszelten heben sich die größeren Unterkünfte der Unteroffiziere und Offiziere ab. Jede Stubengemeinschaft (*contubernium*), die etwa aus acht Mann besteht, verfügt über ein eigenes Maultier. Sie tragen die Zelte, aber auch Werkzeug und Gerät. Ein unverzichtbares Utensil darunter ist die kleine steinerne Handmühle mit ihrem Bottich. Diese Mühlen dienen dazu, das Getreide zu schroten, das den Hauptteil der Soldatenspeise ausmacht. Alle Zeltgemeinschaften haben ihre eigenen Mühlen und bereiten sich selbst damit ihre Nahrungsmittel zu. Ihr Brot backen sie über dem offenen Feuer. Eine Alternative dazu bildet ein schmackhafter Eintopf,* puls *genannt: Man kocht im Wasser geschrotetes Getreide und gibt – je nachdem, was gerade verfügbar ist – beispielsweise Speck, Schweinefleisch, Rindfleisch, Zwiebeln, Knoblauch, Gemüse, Rosinen, Käse, Honig und Gewürze hinzu – all das sorgt für Abwechslung im Speiseplan.*

Die hohen Offiziere versammeln sich im Prunkzelt des Kaisers, um mit ihm ihr Mahl einzunehmen. Es ist auch nicht reichlicher als die normale Soldatenkost. Trotzdem ist die Stimmung gut. Ein leichter Tag liegt hinter den Männern. Sie sind guter Hoffnung, auch morgen ungestört voranzukommen: Germanische Kundschafter, die bereits bis zum Amöneburger Becken vorgedrungen sind, haben berichtet, dass die dort siedelnden Germanen vom Volk der Chatten immer noch auf friedliche Beziehungen zu Rom setzen, auch wenn seit der Zeit der großen Auseinandersetzungen mit den Markomannen, die ein halbes Jahrhundert zurückliegen, immer wieder Elbgermanen auf ihrem Gebiet gesiedelt haben. Die nächste Tagesetappe wird bis auf Höhe des modernen Staufenberg/

Bellnhausen entlang der Lahn durch Gebiet führen, in dem kaum mit größerem Feindkontakt zu rechnen ist. Dort kann der Gegner schwerlich damit rechnen, noch viel zu holen. In Folge der Einfälle des Jahres 233 sind die Siedlungen jener germanischen Verbände, die mit den Römern in enger Verbindung gestanden haben, zerstört worden. Umso wichtiger aber ist es, den Nachschub von Nahrungsmitteln mit Maultieren und Prahmen – einem einfachen, flachen Schiffstyp – über die Lahn zum Heer zu bringen.

In der Morgendämmerung des nächsten Tages bricht man auf. Der Zug führt vorbei an den zerstörten germanischen Siedlungen. Nun schließen sich dem römischen Heer gelegentlich versprengte Germanen an. Sie haben ihre Angehörigen und ihre Habe verloren. Sie wollen Rache nehmen. Der Zug bis zum nächsten Lagerplatz verläuft ereignislos: unbedrängt kann das Heer mitsamt seinem Tross lahnaufwärts ziehen.

Am Morgen des dritten Tages verändert sich die Stimmung im Heer. Heute wird der Weg dicht an besiedeltem germanischem Gebiet vorbeiführen. Die Spannung steigt, auch wenn die Chatten seit zwanzig Jahren ruhig geblieben und anscheinend befriedet sind. Vermutlich aber sind es viele Jungkrieger gerade dieses Stammes gewesen, die zusammen mit den elbgermanischen Verbänden zwei Jahre zuvor Überfälle auf provinzialrömisches Gebiet verübt haben. Wie auch immer: Das Truppenkommando vertraut darauf, dass das riesige römische Heer die Chatten veranlassen wird, ruhig zu bleiben. Aber man weiß, dass auch elbgermanische Verbände in dieser Gegend unterwegs sind. In dieser Situation lässt Maximinus das Amöneburger Becken östlich liegen und zieht weiter lahnaufwärts. Das ermöglicht ihm, den Nachschub für das Heer besser organisieren zu können. Erst am nächsten Tag schwenkt er nach Osten und dringt auf dicht besiedeltes Gebiet vor. So verläuft auch dieser Tag ohne große Zwischenfälle; nördlich des heutigen Marburg wird das Lager aufgeschlagen. Der Marsch von dort bis in die Region um Fritzlar erfordert drei weitere Tagesmärsche. Maximinus ist auf alles vorbereitet, aber es kommt nicht zu Feindkontakt. Nur vereinzelt sehen die Soldaten Germanen. Sie werden insbesondere von den orientalischen Söldnern kritisch beäugt.

Tacitus beschreibt in seiner *Germania* das Aussehen der Germanen folgendermaßen: «… furchterregende blaue Augen, rötliche Haare und große Körper, die allerdings nur beim ersten Ansturm stark sind.» (Tacitus, *Germania* 4). Das mag ein Topos des Tacitus gewesen sein, der selbst nie in seinem Leben einen Germanen gesehen hat. Aber dieses zum Zeitpunkt des Feldzugs bereits über hundert Jahre alte Bild lässt dennoch klar erkennen, dass die Germanen sich rein äußerlich merklich von der provinzialrömischen Bevölkerung unterschieden. Man wusste, wie sie aussahen, denn viele von ihnen siedelten bereits im Reich, besonders in Niedergermanien, oder taten Dienst in den Hilfsverbänden der römischen Armee. Deshalb besaßen viele aus ihrem Volk auch im Barbaricum römische Waffen – etwa Schwerter, d. h. Spathen, die sich nur durch ihre Griffe von denen unterschieden, die in der Armee Verwendung fanden. Darüber hinaus gehörte zu ihrer Ausrüstung häufig ein mit Widerhaken versehener Wurfspeer, eine Lanze zum Stechen und Schlagen und für den Schutz des eigenen Körpers ein mit ungegerbter Haut bezogener rundlicher Holzschild mit eisernem Buckel. Einige Krieger waren mit hölzernen Langbögen ausgestattet und verschossen damit aus Kiefernholz gefertigte Pfeile mit beinernen Spitzen. Ganz vereinzelt trugen sie genagelte Schuhe ähnlich den römischen Militärstiefeln. Ihre Anführer waren häufig an ihren Kettenhemden zu erkennen und an ihrem prachtvollen Schmuck – goldenen Armringen oder auch mit Gold belegten silbernen Schildbuckeln. Bekleidet waren die Germanen mit Hose und Kittel, über dem sie ihren Schwertgurt trugen. Halblange Hosen hatten bei den Hilfstruppen und Legionen an Rhein und Donau ebenfalls Einzug gehalten. Nicht nur die Reiterei trug solche Beinkleider, die vor den widrigen klimatischen Bedingungen in diesen rauen Gegenden schützten. So waren die Soldaten, die aus den Rheinprovinzen stammten bzw. dort gedient hatten, bestens vertraut mit diesem Volk – und schließlich waren nicht wenige von ihnen selbst Germanen …

Erst im Fritzlar-Waberner-Becken stoßen die römischen Truppen auf dichte chattische Besiedlung. Der Weg der Truppen dorthin führt an kleinen Siedlungsplätzen vorbei. Dort hausen nur ein paar Familien. Diese Weiler sind im Durchmesser kaum zweihundertfünfzig Meter groß, die Freiflächen inbegriffen. Die Siedlungen, die die römischen Einheiten passieren, liegen meist an schwach geneigten Hängen. Wer aufmerksam hinschaut, erkennt gleich, dass sie immer an einem

11 Ein Germanendarsteller in der Ausrüstung des Fürsten von Gommern (mit rekonstruiertem Becher)

fließenden Gewässer angelegt worden sind, das die Wasserversorgung sichert. Lange Wohnhäuser und Stallgebäude in Fachwerktechnik fügen sich zu locker gestreuten Gehöften zusammen. Die Häuser leuchten weiß, da der Hüttenlehm der Wandkonstruktion weiß gekalkt ist. Braune Holzpfosten der Konstruktion heben sich farblich von dem hellen Grund ab. Zu den Gehöften gehören Vorratsgebäude, die auf Ständern errichtet sind. Wer unter den römischen Soldaten selbst vom Land kommt, erkennt, dass diese Erhöhung vor Kornfraß und Bodenfeuchtigkeit schützen soll. Aber es sind auch Vorratsgruben zu sehen, in denen Nahrungsmittel aufbewahrt werden. Ein paar Wasserstellen haben die Germanen eingefasst.

Grubenhäuser ziehen die Aufmerksamkeit auf sich – in die Erde eingetiefte Vierpfostenbauten, von denen manche der Metallverarbeitung, andere als Webhäuser dienen. Gerade im Norden des Gebiets, durch das man zieht, wird vor allem Eisen verhüttet, aber man versteht sich auch auf den Bronzeguss. Ein paar

Brennöfen mit zwei Kammern sind zu erkennen. Hier wird Keramik gebrannt. Die Freiflächen in den Siedlungen sind in kleineren Bereichen mit Steinen gepflastert, die als Arbeitstenne dienen.

Das römische Heer zieht achtlos an diesen Siedlungen vorbei. Die Soldaten haben keine Lust zu plündern. Alles ist so erbärmlich – viel ärmlicher als die Welt der römischen Gutshöfe. Zwar sind auch die als Streuhofsiedlungen angelegt, aber mit ihren repräsentativen Bauten wirken sie weit opulenter. Die meisten Germanen beobachten den Zug der Soldaten ohne große Scheu; sie stehen schon lange mit der römischen Welt in Handelskontakten und wissen, wer da vorüberzieht. In vielen ihrer Häuser steht ebenfalls römisches Geschirr, aber auch Bronzen und Waffen römischer Herkunft. Aber einige Germanen haben auch gehört, wer da vorbeiziehen wird. Und sie haben es vorgezogen, ihre Siedlungen zu räumen, die also nicht von ungefähr verlassen wirken. Wer die Römer kennt, weiß, wozu sie im Stande sind. Deshalb haben sich die Bewohner mit ihrer wertvollen Habe aus Angst vor Plünderungen auf Höhensiedlungen wie den Büraberg bei Fritzlar oder südlich bzw. nördlich davon die Altenburg bei Römersberg sowie auf den Heiligenberg zurückgezogen. So wird sich noch fast 2000 Jahre später dort römische Keramik aus dieser Zeit finden.

Maximinus will es sich mit dem Stamm der Chatten nicht verscherzen, deren Gebiete für einen gesicherten Rückzug der Armee nach Mainz von Bedeutung sind. Also verzichtet er vollständig darauf, diese Siedlungen zu plündern, um Lebensmittel für seine Truppen zu requirieren. Vom Fritzlar-Waberner-Becken erreicht er in zwei weiteren Tagesmärschen die Werra-Mündung in die Weser, wo sich der alte Lagerplatz Hedemünden befindet. Den haben ihre Vorfahren zur Zeit des großen Augustus bereits genutzt. Doch als sie an den Platz gelangen, sehen sie nur noch die bereits von Buchenwald überwachsenen Wälle. Der Oberbefehlshaber weiß aber noch aus alten Aufzeichnungen, dass Hedemünden ein wichtiger Stützpunkt für den Marsch in Richtung Osten zur Elbe ist. Aus diesem Grund wählt er genau diese Route und lagert mit seiner Armee in Höhe von Hedemünden. Er vertraut darauf, dass römische Militärs bereits vor über zwei Jahrhunderten die beste Aufmarschroute ausgespäht hatten. Zumindest topographisch ist auf die alten Berichte Verlass, auch wenn sich seit langem die Siedel- und damit Machtverhältnisse grundlegend geändert haben. Aber um diese auszuforschen, hat Maximinus seine eigenen Aufklärer im Heer.

Von Hedemünden aus war der Weg vorgezeichnet: Marschierte man direkt nach Osten, so gelangte man ins Thüringer Becken, also dorthin, wo die Hermunduren siedelten. Drei- bis viermal musste die Armee des Maximinus campieren, bis sie Hachelbich erreichte. Auf dem Weg dorthin kam es zu erstem Geplänkel mit gegnerischen Verbänden. Östlich von Hachelbich im Kyffhäuserland wurden die Überreste eines großen römischen Lagerplatzes entdeckt, doch sind die Ergebnisse dieser Entdeckung noch weitgehend unpubliziert. Östlich von diesem Ort öffneten sich die Wege ins Thüringer Becken. Das Lager dort lag in einem Korridor, im Tal der Wipper. Die Anlage scheint mindestens 18 Hektar umschlossen zu haben. Entweder wurde es noch im Zusammenhang mit den Chattenfeldzügen während des 1. Jahrhunderts angelegt oder es ist in Verbindung mit den Ereignissen in der ersten Hälfte des 3. Jahrhunderts entstanden. Neben einem rund 425 Meter langen Spitzgraben hat man unter anderem mehrere Backöfen gefunden, wie sie für römische Marschlager typisch sind. Hachelbich scheint, soweit wir das heute sagen können, jedenfalls eine Ausgangsbasis für die Operationen des Maximinus im Thüringer Becken im 3. Jahrhundert gewesen zu sein, auch wenn wir noch die Publikation der Ergebnisse eingehender Untersuchungen abwarten müssen. Fünf bis sechs Tagesmärsche wird Maximinus für den Weg von Hachelbich bis in die Magdeburger Region benötigt haben. Diese Märsche führten durch besonders dicht besiedeltes Gebiet der Elbgermanen. Dort trafen die Truppen auf Sueben, die wohl die Aggressoren von Mainz waren. Die Römer wussten vermutlich noch vom Saaletal, das zur Elbe führt, und wählten diese Route, doch kann man deren genauen Verlauf auch heute noch nicht rekonstruieren. Selbst sogenannte Importfunde – römisches Material in unserem Fall aus Sachsen-Anhalt – ergeben noch keinen klaren Aufschluss darüber, was sich dort zugetragen hat. Herodian (7,2,3–4) beschreibt das, was stattgefunden haben soll, folgendermaßen: «Er verwüstete das Land weit und breit – das Getreide reifte bereits –, steckte die Dörfer in Brand und überließ sie dem Heer zur Plünderung. Denn das Feuer erfasst dort sehr leicht die Siedlungen, wie sie sie haben, nebst allen Gebäuden. An Bruchstein und Ziegeln ist nämlich bei ihnen Mangel, aber sie haben mächtige Wälder und daher gewaltige Holzvorräte. Daraus zimmern sie sich Hütten zusammen. Maximinus drang in der beschriebenen Art und Weise weit vor und zog mit Beute ab; die Viehherden, auf die sie stießen, überließ er den Soldaten.»

An der Elbe formierten sich jedenfalls gegnerische Verbände und wurden in einer ersten großen Schlacht bezwungen, die als «Schlacht im Moor» in die Literatur eingehen sollte. Der römische Vormarsch veranlasste die Elbgermanen, sich tief in die Sümpfe zurückzuziehen. Sie waren im Gegensatz zu den Römern mit dem Gelände vertraut, und obendrein waren sie gute Schwimmer. So diente ihnen der dichte Bewuchs dieser Region als natürlicher Schild vor den römischen Fernwaffen – Wurfspeeren und Pfeilen. Das Gelände, auf dem sie sich befanden und aus dem heraus sie agierten, wäre für die Römer nur unter großen Gefahren zu betreten gewesen.

Archäologisch ist die «Schlacht im Moor» heute noch nicht nachweisbar. Aber in der Altmark – nördlich von Magdeburg – bestehen topographische Voraussetzungen, die einer solchen Auseinandersetzung und den beschriebenen Bedingungen entsprechen würden. Vielleicht hat die Schlacht dort stattgefunden. Herodian (7,2,6–7) beschreibt sie so: «In solchen Gegenden fanden meist die Gefechte statt, und hier war es auch, wo der Kaiser selbst mit größter Tapferkeit die Kampfhandlungen eröffnete. Vor einen großen Sumpf, wohin sich die Germanen auf der Flucht zurückgezogen hatten, zögerten die Römer, zur Verfolgung in ihn einzudringen. Da sprengte zuerst Maximinus mit seinem Pferd in den Sumpf, obgleich das Wasser dem Tier bis über den Bauch reichte. Er machte die Barbaren, die Widerstand leisteten, nieder, so dass das übrige Heer sich schämte, den für sie kämpfenden Kaiser im Stich zu lassen, Mut fasste, auch in die Sümpfe vordrang und es auf beiden Seiten viele Tote gab: (Groß war die Zahl) der Gefallenen auf römischer Seite; von den Barbaren aber kamen fast alle um, die an diesem Gefecht teilgenommen hatten. Vor allem der Kaiser vollbrachte Wunder an Tapferkeit, so dass der Sumpf sich mit Leichen füllte und das mit Blut gemischte Wasser dem Heer, das für den Krieg zu Land bestimmt war, den Anblick einer Seeschlacht darbot.» Mit dieser Schlacht ist der germanische Einfall im Rhein-Main-Gebiet gerächt: Das Heer tritt den Rückmarsch an.

Der Weg zurück folgte aber nicht derselben Route, die das Heer an die Elbe geführt hatte. Dort hatte man zu viele Siedlungen niedergebrannt; Vieh und Getreide hatte man schon auf dem Weg nach Osten requiriert. Es wäre kaum möglich gewesen, im Aufmarschgebiet nochmals das Heer mit Lebensmitteln vor Ort zu versorgen. Auch waren die elbgermanischen Siedlungsgebiete zu nahe, von wo aus gefährlicher Widerstand hätte erwachsen können. Also marschierte Maximinus in Richtung des heutigen Braunschweig, passierte den Harz an seiner Nordflanke und wandte sich dann nach Süden. Die Route dürfte ab Braunschweig über Salzgitter und Seesen in etwa dem Lauf der heutigen B 248 gefolgt sein. So führte Maximinus seine Truppen nach einem Marsch, der etwa acht Tage gedauert haben dürfte, direkt auf das Harzhorn zu.

HARZHORN UND UMGEBUNG

Was sich dort einst abgespielt hat, als Maximinus Thrax mit seinen Truppen eintraf, war über 1700 Jahre weitgehend in Vergessenheit geraten. Niemand hatte damit gerechnet, so weit im Osten auf das zu stoßen, was hier zu Beginn des 21. Jahrhunderts ans Tageslicht gelangen sollte. So war die Entdeckung eines antiken Schlachtfeldes in der Harzhorn-Region eine Sensation: Was zum Vorschein kam, gibt Anlass für die Rekonstruktion der historischen Ereignisse und vor allem der Vorgänge auf den Kampfplätzen, wo zahlreiche Funde viele Details großer Gefechte bezeugen. In der noch jungen Disziplin der ‹Schlachtfeldarchäologie› ist dies die größte wissenschaftliche Herausforderung, doch wenn es gelingt, dann wird Ereignisgeschichte in einem ganz engen Zeitfenster wieder archäologisch greifbar. Erinnern wir uns …!

Während die Gemeinde der Geschichtsbegeisterten allmählich den großen Feierlichkeiten zum Gedenken an 2000 Jahre Varusschlacht mit Ausstellungen, Buchpublikationen und Reenactment entgegenfiebern, verdichten sich am Harzhorn die Hinweise, dass sich dort im 3. Jahrhundert eine Schlacht zugetragen hat, die kaum weniger geschichtsmächtig war: Hobbyarchäologen entdecken dort im Jahr 2000 rostige Funde, die ihnen mittelalterlichen Ursprungs scheinen. Eine Hipposandale beispielsweise – den Vorgänger eines Pferdeschuhs – halten sie für einen ‹Kerzenhalter›. Auch die Geschossspitzen und Eisennägel enttäuschen ihre Entdecker Winfried Schütte und Rolf Peter Dix aus Kalefeld eher, die sich mehr erwartet hatten. Erst acht Jahre später wird klar, dass es sich dabei um römische Objekte handelt. Von diesem Zeitpunkt an untersuchen die Vertreter der Kreisarchäologie Northeim und des Niedersächsischen Landesamtes für Denkmalpflege gemeinsam den Fundplatz: Von Anfang an dabei sind Dr. Petra Lönne (Northeim) und Dr. Michael Geschwinde (Stützpunkt Braunschweig NLfD) mit ihren Technikern. Doch bald schon ziehen sie Kollegen von der Provinzialrömischen Archäologie der Universität Osnabrück hinzu, ferner das Institut für Prähistorische Archäologie der Freien Universität Berlin, das Niedersächsische Institut für Historische Küstenforschung und einen Numismatiker. Daraus entwickelt sich die Forschergruppe, die seither für die Erkundung des Harzhorns steht. Nach vielen Presse- und Filmbeiträgen, nach kurzen Vorpublikationen konnten die Ergebnisse dieser Gruppe zum ersten Mal in größerem Umfang bei einer großen Ausstellung im Landesmuseum Braunschweig 2013 präsentiert werden. Heute führen am Harzhorn professionelle *Guides*, die in Zusammenarbeit mit der Touristinfo der Stadt Bad Gandersheim aktiv sind, über den Ort des Geschehens.

Das Harzhorn liegt als nach Osten gewandter Sporn des Vogelberges zwischen Kalefeld und Bad Gandersheim in Niedersachsen. Der Vogelberg reicht von dort noch etwa vier Kilometer nach Westen: Er bildet eine Barriere für alle Reisenden, die von Norden kommen. Auf der gegenüberliegenden Seite des Sporns erheben sich die Ausläufer des Harzes. Heute führt die Autobahn A7 auf einem extra dafür angeschütteten Damm durch die dazwischen liegende Niederung. In der Antike und im Mittelalter verlief eine alte Heer- und Handelstraße über einen

Pass dicht unterhalb des Harzhorns: Nur dort war eine Durchquerung denkbar, da die Niederung im Osten ein Sumpf war. Die Bundesstraße 248 vermittelt dem modernen Reisenden noch heute einen guten Eindruck der Landschaft, da sie sich entlang und auf den alten Wegen um das Harzhorn herumschlängelt.

Genau vor diesem Pass steht das römische Heer. Es befindet sich auf dem Rückmarsch in die Provinz Obergermanien, als es auf massiven Widerstand stößt. Die Feinde sind Germanen. Sie folgen in ihrer Strategie einem alten Schema, das sie bereits aus augusteischer Zeit, etwa der Varusschlacht, kennen. Sie versuchen, die römische Armee an einer Engstelle abzufangen und sie am Rückmarsch in die Winterquartiere zu hindern. Möglicherweise haben die Römer Geiseln als politisches Unterpfand genommen, die bei dieser Aktion befreit werden sollen.

«Er (Maximinus Thrax) machte viele Gefangene …» (Historia Augusta, Maximinus 12,1). Möglicherweise aber ging es auch nur darum, den alten Feind zu besiegen und Beute zu machen. Führte doch das römische Heer auf dem Rückmarsch durchaus Beutegut mit sich. [«Die Viehherden, auf die sie stießen, überließ er (Maximinus) den Soldaten.» (Herodian 7,2,4).] Ein erfolgreicher Überfall versprach also reichen Ertrag. Letztlich kennen wir die genauen Beweggründe für den germanischen Angriff nicht. Jene, die ihn ausführten, dürften elbgermanische Verbände gewesen sein, die einige Zeit zuvor Maximinus bei der Schlacht im Moor unterlegen waren. Jedenfalls lässt sich für das 3. Jahrhundert n. Chr. elbgermanische Besiedlung in der Nähe des Harzhorns feststellen. Unweit westlich davon, beginnt das Rhein-Wesergermanische Siedelgebiet, das zu dieser Zeit eher mit Rom verbündete Stämme beherbergte. Möglicherweise war das Gefecht am Harzhorn die letzte Möglichkeit für die Elbgermanen, das römische Heer auf heimischem Gebiet zu attackieren.

12 (nachfolgende Doppelseite) Das Harzhorn von Norden mit Fundkartierung (digitales Geländemodell nach dem Niedersächsischen Landesamt für Denkmalpflege). Die höchste Funddichte ist auf dem Sattel im Zentrum des Sporns zu verzeichnen.

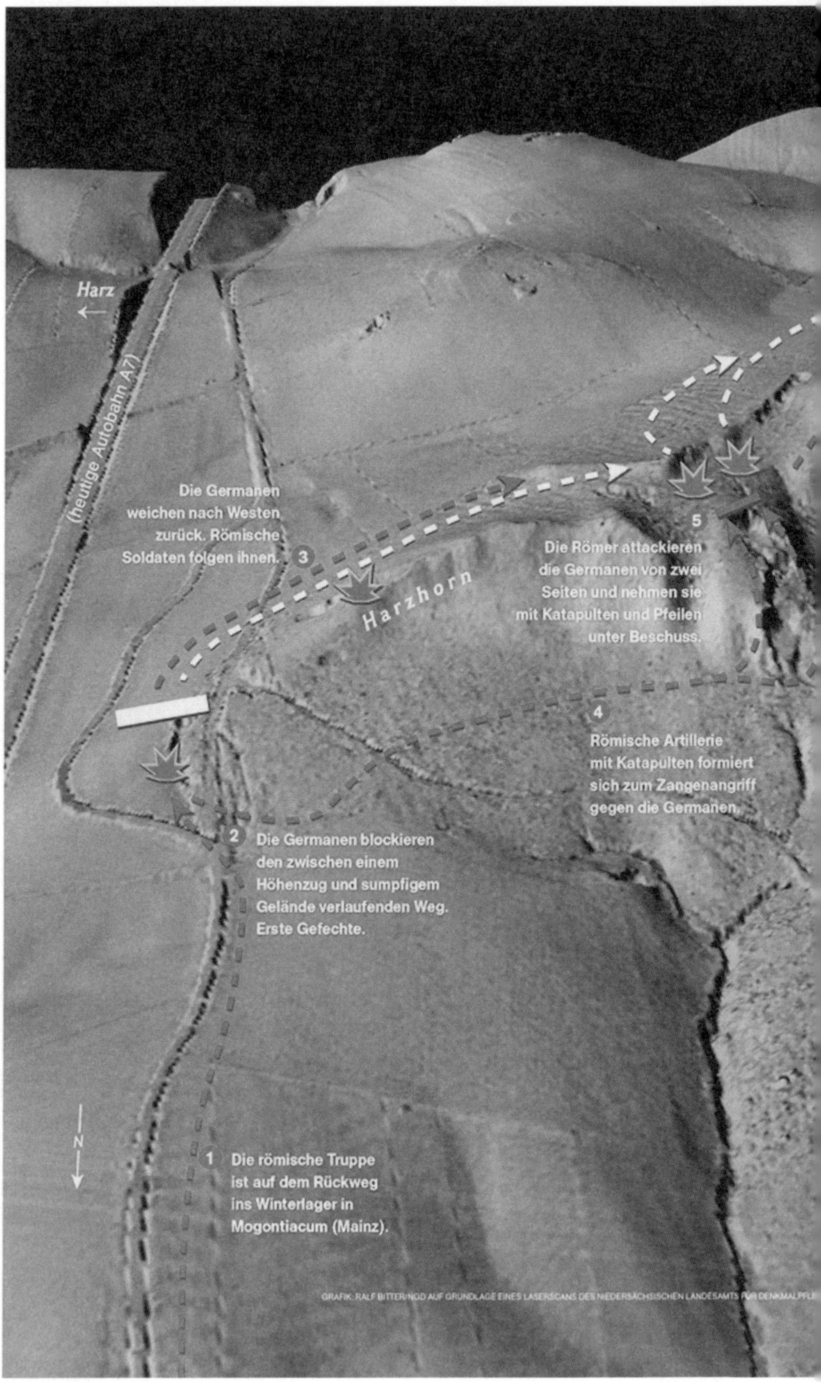

Harz
(heutige Autobahn A7)
Die Germanen weichen nach Westen zurück. Römische Soldaten folgen ihnen.
3
Harzhorn
5
Die Römer attackieren die Germanen von zwei Seiten und nehmen sie mit Katapulten und Pfeilen unter Beschuss.
4
Römische Artillerie mit Katapulten formiert sich zum Zangenangriff gegen die Germanen.
2
Die Germanen blockieren den zwischen einem Höhenzug und sumpfigem Gelände verlaufenden Weg. Erste Gefechte.
N
1
Die römische Truppe ist auf dem Rückweg ins Winterlager in Mogontiacum (Mainz).
GRAFIK: RALF BITTER/NGD AUF GRUNDLAGE EINES LASERSCANS DES NIEDERSÄCHSISCHEN LANDESAMTS FÜR DENKMALPFLE

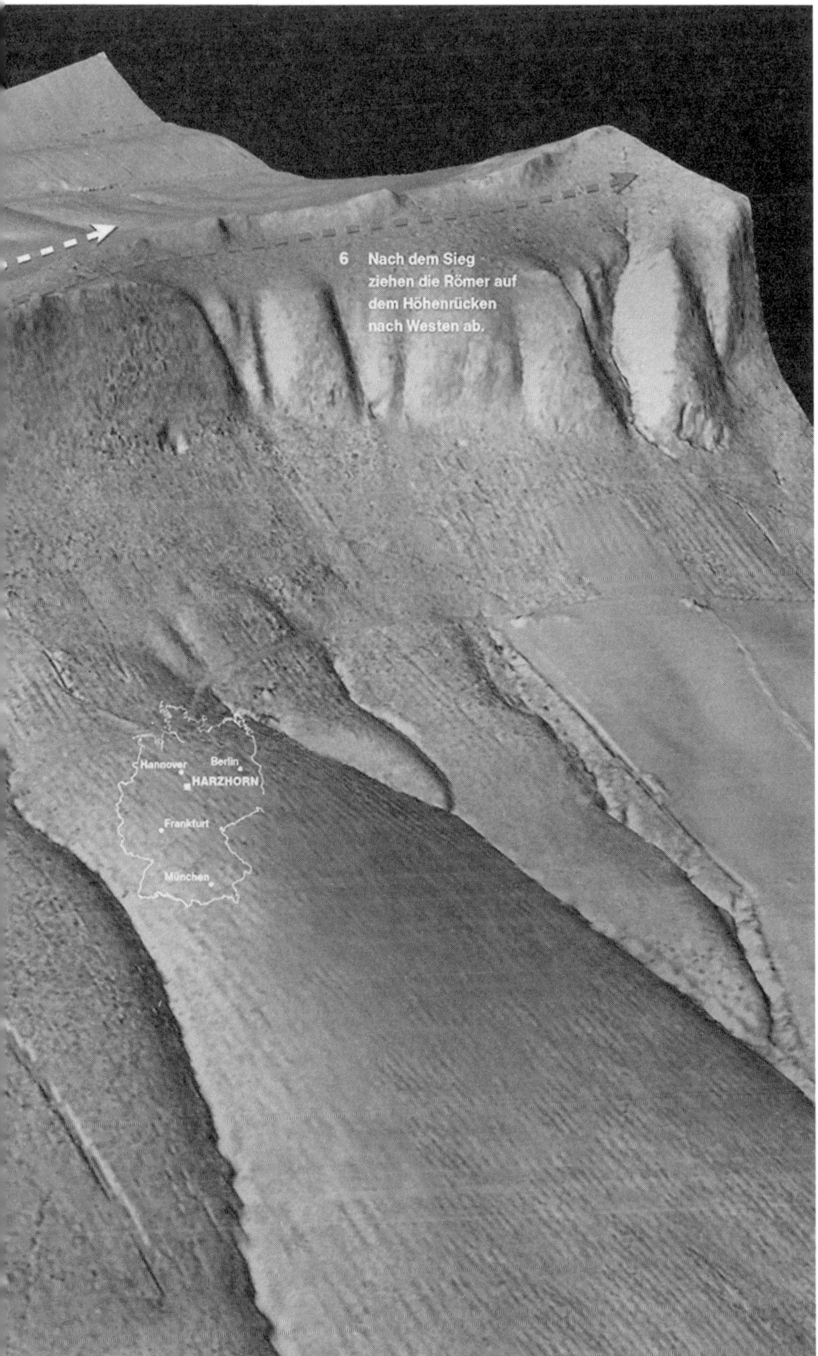
6 Nach dem Sieg ziehen die Römer auf dem Höhenrücken nach Westen ab.
Hannover
Berlin
HARZHORN
Frankfurt
München

Heute zeigt sich das Harzhorn dicht bewaldet. Allerdings fällt der Rücken nach Süden relativ flach ab. Vor 1700 Jahren kann es also durchaus so gewesen sein, dass dort, wo sich heute Wald erstreckt, einst Landwirtschaft betrieben wurde. Dafür spricht, dass Wölbäcker aus dem Mittelalter und der frühen Neuzeit archäologisch nachgewiesen werden konnten. In den Niederungen um das Harzhorn findet heute eine intensive landwirtschaftliche Nutzung statt. Sie verschlechtert die Erhaltungsbedingungen der archäologischen Spuren enorm. Nur an dem nach Norden gerichteten Hang, der steil abfällt, dürfte zu allen Zeiten der Wald als maßgebliche Vegetationsform vorgeherrscht haben. Von Nordosten führt eine schmale Straße auf den Geländesporn hinauf. Sie zieht sich dann weiter über den Sattel nach Westen. Genau dort ist die höchste Funddichte zu verzeichnen. Nur dort gibt die Verteilung der Funde Aufschluss über Einzelereignisse des Kampfes. In den anderen Bereichen sind solche zwar nicht mehr nachweisbar, dürfen aber angenommen werden. Das bedeutet für uns Altertumswissenschaftler, dass wir uns quellenkritisch einzugestehen haben, dass wir nur noch Episoden aus dem Verlauf der Kämpfe nachweisen können. Vor diesem Hintergrund müssen unterschiedliche Interpretationsrahmen über das Geschehen gelegt werden. Plünderungen des Schlachtfelds nach dem Kampf haben für eine massive Ausdünnung der archäologischen Fundreste gesorgt – ebenso wie schon in Kalkriese. Was sich noch finden ließ und immer noch finden lässt, war meist so kleinteilig oder beschädigt, dass es für Plünderer zu uninteressant war, um es aufzuheben und mitzunehmen. Was an leicht zugänglicher und attraktiver Ausrüstung nach der Schlacht am Harzhorn zurückgeblieben war, wurde aufgesammelt und fortgeschafft. Allerdings finden sich immer noch tief im Boden steckende Gegenstände bzw. Objekte, die einst im Gebüsch verborgen blieben oder einfach nur schwer zugänglich waren.

Zu Ersteren gehören wohl vor allem die Katapultbolzen und Pfeilspitzen, die einst von römischen Soldaten verschossen worden sind. Schuhnägel schienen wie manch andere Kleinobjekte den Plünderern nicht wert, sich danach zu bücken und sie aufzuheben. Während Bestattungen oder auch sakrale Deponierungen von Waffen fehlen, wie wir sie von einigen großen Mooropferplätzen kennen, liefern Katapultbolzen, Pfeilspitzen und Schuhnägel, von denen viele römischer Provenienz sein dürften, die wichtigsten Indizien zur Rekonstruktion der Kämpfe. Selbst die Marschrichtung des Heeres kann aus einer so großen Anzahl von Sandalennägeln hergeleitet werden. Allerdings liefern diese keine sicher datierbaren chronologischen Merkmale; folglich werden sie nur aufgrund der Tatsache, dass sie eben gerade in diesem Fundkontext aufgetaucht sind, in die Interpretation mit aufgenommen.

Das römische Heer nähert sich von Norden dem Harzhorn und will den Pass überqueren. Aufklärer haben den Befehlshabern bereits von stärkeren germanischen Aktivitäten berichtet. Doch die Vorhut überquert das Harzhorn noch ohne Probleme und bewegt sich nach Westen über den Grat des Vogelberges weiter. Doch dann, als der Tross auf einem Plateau ein wenig unterhalb des Hauptkamms des Harzhorns eintrifft, wird er von germanischen Verbänden bedrängt. Sie haben auf dem Kamm gelauert, wo eine Schale, die bei den Ausgrabungen entdeckt wird, noch von ihrer Anwesenheit zeugt. *Die Trasse, auf der sich das römische Heer bewegen muss, verläuft über ein schmales Plateau knapp darunter. Die Position ist für die Germanen strategisch günstig. Ein großes Heer kann sich dort weder richtig aufstellen noch seine Kampfkraft richtig entfalten. Dass das Gelände vom Hauptkamm flach nach Süden abfällt, erlaubt dem Angreifer, sich rasch von dort wieder abzusetzen, wenn es der Verlauf der Kämpfe erforderlich machen sollte.*

Die Verbreitung von Plünderungsgut belegt eine weitere Angriffs- bzw. Rückzugsrichtung aus bzw. nach Westen. Dass nach Süden hin diese Quellen aussetzen, lässt sich auf die Bewirtschaftung der Flächen in späterer Zeit zurückführen. Wagenbestandteile, Jochbügel, ein Jochaufsatz, Fragmente von Gerätschaften zum Anschirren von Pferden sowie Hipposandalen belegen die Präsenz des Trosses auf dem beschriebenen Gelände. Offenbar wurde ein römischer Karren von Germanen während des Kampfes erbeutet. Die Angreifer haben versucht, sich damit nach Westen abzusetzen. Im Zuge dessen muss der Wagen samt Ladung über den steilen Nordhang gestürzt sein, wo Archäologen ihn bei den Untersuchungen auf einem sieben Meter breiten und zwanzig Meter langen Streifen, der senkrecht unterhalb des Hangs verläuft, wieder-

Fundstellen
Abbruch-
kante
Hotspot 5
Hotspot 4
Fibelberg
Abbruch-
kante
Hotspot 1
Hotspot 2
Abbruch-
kante
Sektor
9/10
Harzhorn (Kamm)
Südhang
Münzsteinbruch
Hotspot 6
Hotspot 3
Abbruch-
kante
0 50 100 150 m

13 Die Fundverteilung am Harzhorn mit den verschiedenen Gefechtszonen. Hotspot 2: Erste Kampfhandlung am Aufstieg zum Hauptkamm. Beschuss von Norden. Hotspot 1: Kampf Mann gegen Mann. Harzhorn/Kamm, Fibelberg und Münzsteinbruch: Beschuss der germanischen Stellungen. Hotspot 5: Abgestürzter Wagen. Hotspot 3, 4 und 6: Spuren von Sandalennägel. Kartierung nach Michael Geschwinde, Niedersächsisches Landesamt für Denkmalpflege.

gefunden haben. Am höchsten Punkt des Streifens lagen Teile des Karrens, darunter eine Schemelstütze, zwei Jochhaken, ein Jochbügel und ein Achsnagel. Auch fanden sich auf diesem Areal Überreste der Ladung: Ungeschäftete Speerspitzen, ein Lanzenschuh, drei Geschossspitzen, eine germanische Blattpfeilspitze, ein Zelthering und der Deckel eines Tintenfasses aus Bronze. Weiter unten bezeugen drei Hufschuhe, dass mindestens ein Zugtier dabei gewesen sein muss, das dann als erstes abgestürzt ist. Vielleicht ist es während der Kämpfe durchgegangen?

Einzelne Konzentrationen von Sandalennägeln am nördlichen Steilhang lassen vermuten, dass römische Verbände dem Tross rasch zu Hilfe geeilt sind. Sie sind vom Pass nach Westen vorgerückt und haben versucht, von Norden aus den Steilhang an geeigneten Stellen, insbesondere im Bereich von Erosionsrinnen, zu erklimmen, um ihre Kameraden zu unterstützen. Dabei haben sie Torsionsgeschütze eingesetzt. Die Projektile von Fehlschüssen, die tief in den Boden des Hauptkammes eingedrungen sind, lassen aufgrund ihrer exakten Einmessung noch die Schussrichtungen der schweren Bolzen und der Pfeile erkennen; sie waren zumeist mit dreiflügeligen Spitzen ausgestattet. Da das schmale Plateau unterhalb des Hauptkamms nur wenige Aufstellungsmöglichkeiten für Torsionsgeschütze bietet, lässt sich am Harzhorn sogar noch der Standort der Geschütze erschließen. Es wird deutlich, dass besonders an den Ausgangspunkten der Erosionsrinnen am steilen Nordhang römische Torsionsgeschütze und Bogenschützen eingesetzt worden sind.

Noch während der Geschosshagel auf die Germanen niedergeht, trifft von unten römische Reiterei ein. Einer der Berittenen sprengt den Hang hinauf. Er übersieht ein Loch, wo einst ein Baum gestanden hat – und die Grube wird zur tödlichen Falle. Sein Pferd stürzt hinein und verendet.

Am Nordhang des Harzhorns, wo eine germanische Lanzenspitze mit facettierter Tülle und eine germanische Blattpfeilspitze gefunden wurden, kam bei archäologischen Grabungen das Pferdeskelett zutage. Verschiedentlich finden sich die Spitzen der *Iaculae* – kleiner Wurfspeere, mit denen die Reiter ausgestattet waren – nahe der Trosswagen. Die römischen Reiter haben die Germanen nach deren erstem Angriff beim Plündern der Karren gestört.

In dieser Situation formieren sich römische Infanterieeinheiten auf dem Plateau zum Sturm auf den Hauptkamm. Sie werden durch die eigene Artillerie – Bogenschützen und Torsionsgeschütze – gedeckt, die über die eigenen Reihen hinweg die germanischen Stellungen beschießt. Dann erstürmen die Soldaten den Hauptkamm.

Schuhnägel lassen darauf schließen, was damals geschehen ist. Zuerst haben sie ihre Pila, d. h. ihre Wurflanzen geschleudert; entsprechende Funde erlauben den Schluss, dass reguläre Legionseinheiten an dem Gefecht teilgenommen haben. Anschließend suchten sie mit Stoßlanzen und Langschwertern, die im römischen Heer seit dem 2. Jahrhundert regelmäßig zum Einsatz kamen, den Nahkampf mit den Germanen.

Doch auch der Feind verfügte über Schwerter und setzte darüber hinaus Lanzen ein, mitunter auch als Hiebwaffen. Direkt über dem Steilhang, der sich nach Norden erstreckt, stoßen wir auf ein Fundensemble ganz im Osten, das uns das Einzelschicksal eines Kriegers spiegelt. Reste eines Schwertgurts, wenige Ringe eines Kettenhemds, zwei Spitzen von Wurfspeeren und ein Messer sind die traurigen Überreste eines gefallenen römischen Soldaten. Seiner Gürtelgarnitur zufolge gehörte er zu den Hilfstruppen, war also ein Auxiliarsoldat, vermutlich ein Germane. Helm, Panzer und Schild fehlen. Das deutet darauf hin, dass die Leiche des Gefallenen von Germanen geplündert worden ist. Die größeren Ausrüstungsgegenstände hat man samt und sonders weggeschleppt. Das Schicksal dieses Kämpfers ist nur eines von vielen, die wir am Harzhorn erschließen können.

14 Der Sturm auf den Hauptkamm des Harzhorns

Herodian (7.8.10) schreibt über Maximinus: «Es folgte ihm aber auch eine beträchtliche Zahl von Germanen, die er durch Waffengewalt unterworfen oder durch gütliche Übereinkunft als Freunde und Bundesgenossen gewonnen hatte.»

Schließlich schaffen es die Römer, in der Schlacht am Harzhorn den Gegner zurückzuwerfen. Es gelingt ihm, sich nach Süden und Westen abzusetzen. Auch wenn die römischen Truppen den Feind verfolgen, können sie seine Verbände nicht vollständig aufreiben. Während die Römer noch den Germanen auf den Fersen sind, kommen Feldärzte zum Einsatz, die den Verwundeten am Hauptkamm erste Hilfe leisten. Dann werden auch die Toten geborgen, abtransportiert und an einem uns unbekannten Platz bestattet. Zugleich wird wertvolles Material aufgesammelt, das man vielleicht noch brauchen kann, und auf die nachfolgenden Karren des Trosses umgeladen.

Vermutlich griffen die Germanen zur selben Zeit jene römischen

Verbände an, die sich östlich unterhalb des Harzhorns auf dem Pass bewegten. Sie hofften dadurch, den Tross auf dem schmalen Plateau unterhalb des Harzhorns isolieren zu können. Diese Taktik aber schlug fehl, da die Römer nach Westen auswichen und dann ihrerseits über den Steilhang vorrückten. Natürlich werden die römischen Manöver im Gefecht weit vielfältiger gewesen sein, doch lassen sie sich aus der Fundüberlieferung heraus nicht belegen. Wir wissen also nicht, ob der Hauptkamm Schauplatz des Hauptgefechtes wurde oder wir an dieser Stelle einfach nur den am besten erhaltenen Bereich vor uns haben. Ein zweites Gefechtsfeld, das sich am Kahlberg fand, stützt aber diese Vermutung.

Dank der Spur der Sandalennägel, die großräumig zu verfolgen ist, lässt sich erschließen, dass die römischen Truppen weiter nach Westen über den Vogelberg marschiert sind, um dann nach Süden in Richtung Kahlberg abzubiegen. Dieser Berg liegt knapp zwei Kilometer südwestlich des Harzhorns. Dort wurde ein zweites Gefechtsfeld entdeckt. Was sich dort abgespielt hat, gehört ebenfalls zu den Auseinandersetzungen

Exkurs zu den Torsionsgeschützen:

Am Harzhorn wurden zweiarmige Pfeilgeschütze eingesetzt. Die beiden Arme steckten jeweils in einer Buchse, in der Seilbündel aus gedrehtem Pferdehaar gespannt wurden. Dies sind die Torsionsbündel, die den Geschützen ihren Namen gegeben haben. Die Spannbuchsen sitzen in einem Spannrahmen, der garantiert, dass man die Kräfte, die beim Schuss wirkten, flexibel einstellen kann. Der Spannrahmen selbst ist auf eine Pfeife aufgesteckt, in der ein Schieber läuft, in den man die Pfeile einlegte. Wenn man das Geschütz spannte, wurde durch eine Sehne, mit der die Arme verbunden waren, die Kraft aus den Torsionsbündeln auf Schieber und Pfeil übertragen. Betätigte man den Abzug, wurde der Pfeil mit hoher Geschwindigkeit mittig durch den Spannrahmen nach vorne geschleudert. Mit diesen Geschossen überwand man Entfernungen von über hundert Metern. Die schweren Bolzen mit ihren massiven Eisenspitzen, die zum Einsatz gelangten, wirkten über solche Distanzen panzerbrechend. Auf der Trajanssäule, die Szenen aus dem Leben des Kaisers Trajan zeigt – nicht zuletzt seine Kriegszüge an der Donau –, sind Torsionsgeschütze abgebildet. Sie sind dort als sogenannte *Carroballistae* fest auf Karren montiert. Solche Geschütze sind es, die auch am Harzhorn zum Einsatz gelangten, wovon viele Geschossbolzen zeugen.

15 Römisches Torsionsgeschütz vom Typ Orsova. Dieser Typ wurde vermutlich am Harzhorn auf Karren montiert eingesetzt. Das Geschütz wird bedient vom experimentellen Archäologen und Römerdarsteller Dietmar Kanert (Straubing). Die Rekonstruktion erfolgte im Rahmen eines Projektes des Gäubodenmuseums Straubing in Verbindung mit dem Turmair-Gymnasium Straubing und dem Gymnasium Ising.

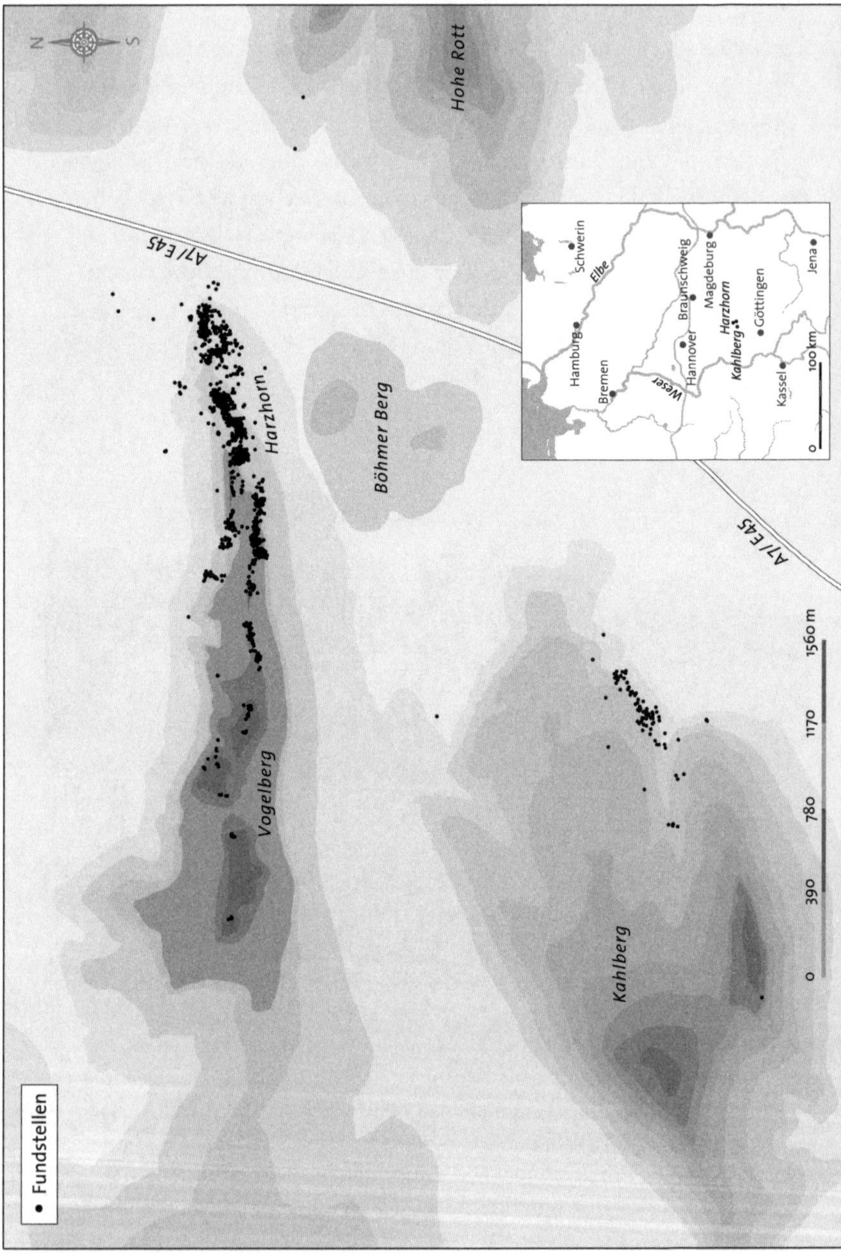

16 Harzhorn mit Kahlberg

um das Harzhorn. Das dürfen wir aus zwei Denaren schließen, die in denselben Zeithorizont gehören wie jene vom Harzhorn.

Am Kahlberg finden sich anders als am Harzhorn relativ viele Speere: siebzehn römische und fünf germanische Lanzen. An weiteren Ausrüstungsgegenständen fanden sich zwei Pila, drei Äxte und zwei Dolabrae, d. h. Kreuzhauen, sowie je zwei Helm- und Beinschienenfragmente. Auch wurde in größerer Zahl Wagenzubehör entdeckt – beispielsweise fünf Achsnägel und Teile von Anschirrungen (darunter zwei Jochbügel, ein bronzener Jochaufsatz und Beschläge vom Zaumzeug). Eine Feldschmiede und Reste einer Handmühle im Fundmaterial gehörten offenbar zur Ladung der Karren. Wir dürfen daraus folgern, dass mithin auch am Kahlberg ein Teil des Trosses angegriffen wurde. Er kam von Nordwesten über das Kahlberg-Plateau, weil dort das Gelände eben war. Nur dort benötigten die Zugtiere keine Hufschuhe – deshalb hat sich wohl auch nicht ein einziges Exemplar davon am Kahlberg finden lassen.

Dort, wo das Kahlberg-Plateau nach Süden durch eine Schlucht begrenzt ist und sich nach Osten absenkt, haben die Germanen auf einer Strecke von ca. 450 Metern den römischen Tross angegriffen – genau in dieser Schlucht finden sich die ergiebigsten archäologischen Quellen des Areals. Der Tross wurde von ein paar Infanteristen begleitet, die versucht haben, ihre Kameraden zu verteidigen. Aus diesem Zusammenhang dürften zumindest die Pila stammen, die man gefunden hat. Aber auch die entdeckten Äxte und Dolabrae dürften von den Trossknechten bei der Verteidigung eingesetzt worden sein. Spitzen von römischen Wurfspeeren, die sich in größeren Abständen im Fundmaterial zeigten, deuten darauf hin, dass ihnen ein lockerer Reiterverband zu Hilfe geeilt ist. Er kam – wenn man die Ausrichtung der Spitzen richtig deutet – aus Südosten und stieß Richtung Nordwesten vor, also in Richtung des Trosses, der Ziel des Überfalls war.

Die meisten Stücke, die von den Gefechtsfeldern des Harzhorns stammen, lassen sich zeitlich nur schwer einordnen. Wenige Fibeln, ein Thekenbeschlag, d. h. eine Messerscheide, und zwei Visierfragmente eines Helms vom Typ Niederbieber vom Kahlberg weisen ins ausgehende 2. und in die erste Hälfte des 3. Jahrhunderts n. Chr. Zu einer ähnlichen Datierung gelangt man durch die Interpretation der wenigen germanischen Stücke. Durch die Auswertung der Münzen, die man dort entdeckt hat, lässt sich schon ein genauerer Zeitansatz erarbeiten: Am Harzhorn fanden sich dreizehn Denare, d. h. Silbermünzen, mit einer Schlussmünze (dem jüngsten entdeckten Nominal) des Severus Alexander. Münzen der Gordiane (238) – also jener Kaiser, die unmittelbar auf Maximinus Thrax folgten – finden sich keine, obwohl sie an sich allgemein sehr häufig sind. Damit weisen die Münzen des Harzhorns in die späteste Regierungszeit des Severus Alexander oder eben in jene des Maximinus Thrax: Wir befinden uns mithin in den dreißiger Jahren des 3. Jahrhunderts n. Chr., sehr wahrscheinlich in der Zeit 235/236 n. Chr. Gestützt wird diese Datierung auch durch 14C-Analysen (bei dem durch die Auswertung der Zerfallsrate eines radioaktiven Kohlenstoffisotops sehr genaue Datierungen möglich sind) an dem bereits erwähnten Pferdeskelett vom Nordhang des Harzhorns, die in die Jahre zwischen 230 und 240 n. Chr. führen. Durch diese Datierung kann eine Verbindung der archäologischen Funde mit dem Feldzug des Maximinus Thrax hergestellt werden. Einen wichtigen Hinweis, der diese Hypothese stützt, bietet eine Dolabra vom Kahlberg. Sie trägt die Inschrift *legio IIII Flavia felix*. Diese Legion war in *Singidunum*, dem heutigen Belgrad, stationiert. Sie dürfte von Severus Alexander von den Sassanidenfeldzügen nach Obergermanien abkommandiert worden sein. Vexillationen (Abteilungen) dieser Einheit befinden sich also seit 234/235 n. Chr. in Obergermanien und haben Maximinus Thrax nach seiner Usurpation auf dem Feldzug begleitet.

Nach der Schlacht zogen die Verbände vom Kahlberg weiter in Richtung Hedemünden. Dabei folgten sie über das längste Teilstück der Wegstrecke nach Süden hin zum fruchtbaren und besiedelten Leinetal, um dann nach Hedemünden umzuschwenken. Bis man Hedemünden, den Ausgangspunkt des Feldzugs, erreichte, vergingen nochmals drei Marschtage. Nach dem Harzhornereignis dürfte das römische Heer im Weiteren wohl unbehelligt vorangekommen sein. Fortan bewegten sich die Truppen ab Hedemünden auf Rhein-Weser-germanischem Gebiet.

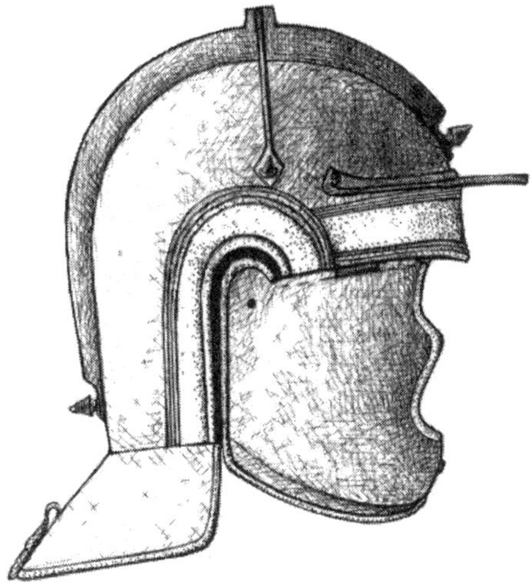

17 Helm vom Typ Niederbieber aus Frankfurt-Heddernheim. Der Stirnbügel eines solchen Helmes stammt vom Kahlberg.

Der Rückweg von dort führte auf derselben Route, wie sie bereits für den Aufmarsch von Mainz aus beschrieben worden ist. Der Rückmarsch sollte noch circa zehn Tage dauern.

KAPITEL 6

ZURÜCK IN MAINZ

Maximinus Thrax kehrte an der Spitze seines siegreichen Heeres nach Mainz zurück. Man wird den Triumphator bejubelt haben. Hatte er doch die Menschen dieser Region fürs Erste von einer großen Bedrohung befreit. Diesen Erfolg und seinen neu gewonnenen Ruhm wollte sich Maximinus auch politisch zunutze machen, wie Herodian (7,2,8) schreibt: «Diese Schlacht und seine persönlichen Heldentaten ließ er [Maximinus] dem Senat und dem Volk nicht nur durch einen schriftlichen Bericht bekanntmachen, sondern er ließ auch Kolossalgemälde anfertigen und vor der Kurie aufstellen, damit die Römer die Möglichkeit hätten, von den Taten nicht nur zu hören, sondern sie auch anzuschauen.» Auch in der Historia Augusta (Maximini Duo 12,5–6) wird Ähnliches berichtet: «Nach dem Sieg über Germanien schickte er an Senat und Volk in Rom einen Brief, den er selbst diktiert hatte. Sein Inhalt war folgender: ‹Wir können euch, versammelte Väter, nicht genug davon berichten, was wir erreicht haben. Vierzig oder fünfzig Meilen [60 bzw. 75 Kilometer] weit haben wir die Dörfer der Germanen niedergebrannt, die Herden weggetrieben, Gefangene mitgenommen, Krieger getötet und im Sumpf gekämpft. Wir wären bis zu den Wäldern gelangt, wenn nicht die Tiefe der Sümpfe uns den Übergang verwehrt hätte.›» Wie viele Meilen Maximinus mit seinem Heer im Kampf gegen die Germanen tatsächlich gutgemacht hat, ist allerdings umstritten. So hieß es in der ursprünglichen Überlieferung seiner Vita in der Historia Augusta (Maximini Duo 12,1): «Er zog in das rechtsrheinische Germanien hinein und ließ im Barbarenland auf einer Breite von dreihundert oder vierhundert Meilen die Dörfer niederbrennen.» Diese Angabe wurde erst in einer späteren Edition korrigiert: Dem französischen Philologen Claudius Salmasius nämlich, der die Historia Augusta im Jahr 1620 in Paris herausgab, schien diese Meilenangabe übertrieben – ein Schreibfehler vielleicht –, und er reduzierte sie auf «dreißig oder vierzig», obwohl tatsächlich in den *meisten* Handschriften von vier- bis fünfhundert Meilen die Rede war. Das wären zwar beachtliche Strecken gewesen, die der Kaiser und sein Heer zurückgelegt hätten, doch in der Historia Augusta (Maximini Duo 4,1) findet sich eine Angabe, die einerseits die Größe des Kaisers dokumentieren soll, andererseits aber auch beträchtliche Zweifel weckt. Dort heißt es nämlich, Maximinus sei ein Riese gewesen, der «täglich eine Amphore Wein gesoffen und 20 Kilo Fleisch gefressen habe». Wie auch immer: Die Korrektur der Meilenangaben auf gerade einmal zehn Prozent der ursprünglichen Werte, allein aufgrund der bloßen Annahme eines Abschreibfehlers, scheint Maximinus' Leistung dann doch in ungerechtfertigter Weise zu schmälern. Bedauerlicherweise wurde aber gerade die Edition von Salmasius zur Grundlage aller weiteren Ausgaben, so dass der Feldzug des Maximinus im historiographischen Verständnis weitgehend auf das unmittelbare Limesvorfeld reduziert wurde.

Erst als 2008 dank zweier Hobbyarchäologen das Gefechtsfeld am Harzhorn, etwa auf halber Strecke zwischen Kassel und Hannover, entdeckt wurde, hatte man Anlass, die Angaben von Claudius Salmasius in Frage zu stellen und die Quellen neu zu überprüfen. Die Entdeckung des sogenannten Harzhorn-Ereignisses war also Auslöser dafür, die römische Germanienpolitik des 3. Jahrhunderts unter diesem Aspekt neu zu beurteilen: Nun hielt man einen unwiderleglichen Beweis dafür in Händen, dass die Römer noch im 3. Jahrhundert einen gewaltigen Feldzug bis an die Elbe unternommen hatten. Diese Erkenntnis untermauerte auch ähnliche Berichte über die Feldzüge anderer Kaiser, beispielsweise des Commodus (Herodian 1,5,6: «… und die Herrschaft der Römer bis zum Ozean ausdehnt …»), die seither nicht mehr leichtfertig als schiere Übertreibungen oder gar als reine Schreibfehler hinweginterpretiert werden dürfen.

Auch die Verbreitung römischen Fundgutes zur Zeit der Markomannenkriege und später in Skandinavien bestätigt diese These. Bereits der griechische Geograph, Mathematiker und Astronom Klaudios Ptolemaios (2. Jh. n. Chr.) hatte zuvor den Seeweg von der Rheinmündung nach Jütland und weiter bis ins Baltikum beschrieben. Archäologische Funde und die schriftliche Überlieferung belegen, dass die Römer vor allem in der sogenannten südskandinavischen Himlingøje-Dynastie – südlich von Kopenhagen gelegen und benannt nach dem zentralen Gräberfeld im östlichen Seeland – einen wichtigen Handelspartner im Norden gefunden hatten. Im Tausch gegen die eigenen Luxusprodukte bezogen die Römer von dort nicht nur Bernstein, sondern wohl auch wertvolle Informationen über das germanische Hinterland.

NACH DEM FELDZUG

Es sollte einige Zeit dauern, bis der Sieg des Maximinus in Germanien in den öffentlichen Inschriften und der Münzprägung Berücksichtigung fand. Die ruhmreiche ‹Schlacht im Moor› ist wohl bereits im Jahr 235 n. Chr. geschlagen worden. Auf einem Meilenstein desselben Jahres, gefunden bei Bonorva nahe Sassari auf Sardinien, wird Maximinus zwar noch lediglich als *consul designatus* bezeichnet. Im selben Jahr jedoch erfreute er sich bereits der zweiten imperatorischen Akklamation, die auf eben jenem militärischen Erfolg in Germanien beruhte – eine steile Karriere binnen weniger Monate also! Denn schon im März war er von den Truppen zum Kaiser erhoben worden. Der Germanenkrieg scheint allerdings erst 236 n. Chr. beendet gewesen zu sein, und so künden auch erst von diesem Jahr an Inschriften – etwa in Brestanica und Stranice im heutigen Slowenien – vom Sieg des neuen Kaisers in Germanien. Auch die Münzpropaganda brachte Maximinus mit einem Germanensieg in Verbindung, indem man auf der Vorderseite der Sesterzen das Porträt des Kaisers zeigte und auf der Rückseite den Sieg ‹Victoria Germanica› feierte. Auf einem anderen Münztyp kauert zu Füßen der Siegesgöttin Victoria ein gefangener Germane. Wieder ein anderer zeigt den Kaiser als Sieger – von Victoria bekränzt; und wieder kauert vor ihnen ein gefangener Germane. Durch die Verbreitung dieses Geldes sollte die Nachricht vom Sieg des Maximinus rasch im gesamten Römischen Reich bekannt werden.

In *Mogontiacum* (Mainz) kümmerten sich indes die Soldaten um ihre zahlreichen gefallenen Kameraden, denn trotz des errungenen Sieges waren auch auf römischer Seite viele Verluste zu beklagen. Es wurden Gedenksteine für die Toten gesetzt, von denen einige sich mit den Germanienfeldzügen, vielleicht sogar unmittelbar mit dem Feldzug des Maximinus, in Verbindung bringen lassen. Ein Soldat etwa stiftete seinem Stubengenossen einen Stein mit folgender Inschrift: «Dem Aurelius Victor, dem Soldaten der vierten flavischen Legion im siebten Dienstjahr, der bis zur Teilnahme am Germanienfeldzug 25 Jahre gelebt hat, hat Flavius Proclus, Soldat der oben genannten Legion, als Beierbe des Stubengenossen diesen Gedenkstein verdientermaßen gesetzt.» Stifter und Gefallener waren also beide Angehörige eben jener Legion, zu deren Ausrüstung auch die römische Streitaxt gehörte, die beim Harzhorn gefunden wurde. Eine weitere, in Zweitverwendung in Schloss Rödelheim vermauerte Inschrift ist einem vermissten Reiter gewidmet: «Dem Andenken an Biribam, Sohn des Abseus, Reiteroberst in der *ala firma catafractaria*, im Krieg verschollen, aus der Provinz Mesopotamien und dem Ort Rac ...» Daneben ehrt ein weiterer Stein aus Bad Cannstatt bei Stuttgart gefallene Kavalleristen: «Den Totengeistern. Für die Kameraden Aurelius Saluda und (Aurelius) Regrethus, einst Reiter in der *ala n(ova?) firma catafractaria*, hat Aur(elius?) Aurel(ianus?) Abdethatus, ihr Kamerad, (diesen Grabstein setzen lassen)». Die zeitliche Einordnung dieser letzten Inschrift ist jedoch umstritten, und sie könnte – wenn man der allgemeinen wissenschaftlichen Debatte folgt – auch erst zu einem späteren Zeitpunkt entstanden sein. In der Konsequenz müsste dann auch die Datierung des Gedenksteins an Biribam neu diskutiert werden. Aus welcher Zeit diese beiden Inschriften tatsächlich stammen, bleibt also bis auf weiteres unbeantwortet.

Nach seinem Sieg ließ Maximinus die kriegszerstörte Infrastruktur seines Reiches erneuern. Davon zeugen Meilensteine, auf denen Straßenarbeiten erwähnt werden und die eindeutig dieser Zeit zuzuordnen sind. Zum Beispiel berichtet der Meilenstein von Kleestadt in Hessen von dem im Jahr 236 n. Chr. zum Caesar erhobenen Sohn des Maximinus und kann somit erst nach dem betreffenden Jahr gesetzt worden sein. Der Inschrift dieses Steins lässt sich entnehmen, dass Maximinus zivile Siedlungen wie Dieburg mit solchen militärischen Funktionen, in diesem Fall dem römischen Kastell Niedernberg am Main, besser verbinden wollte.

Auch aus Tübingen sind Meilensteine bekannt, die auf Infrastrukturmaßnahmen in dieser Zeit hinweisen. So führt Sebastian Gairhos von der Augsburger Stadtarchäologie die Errichtung zahlreicher Stadtmauern im rechtsrheinischen Obergermanien auf die Wiederaufbaumaßnahmen des Maximinus Thrax zurück. Ausgehend von den Untersuchungen in *Sumelocenna* (Rottenburg) am Neckar zeigt er, dass die Stadtmauern von Bad Wimpfen, Ladenburg, Dieburg und Nida (Frankfurt-Heddernheim) in diesem Kontext entstanden sein könnten. Der Kaiser sorgte also offenbar nicht nur für den Wiederaufbau und Ausbau der Infrastruktur, sondern machte sich auch an Maßnahmen zur Stabilisierung des Reiches.

KAPITEL 7

VERÄNDERUNGEN IM BARBARICUM

DIE GESELLSCHAFTLICHE GLIEDERUNG IN GERMANISCHEN VERBÄNDEN

Die germanischen Heerführer – auch diejenigen, welche am Harzhorn an der Spitze ihrer Kampfverbände standen – gehörten der gesellschaftlichen Elite an, deren Repräsentanten wir an distinguierenden Grabbeigaben in germanischen Gräberfeldern erkennen können. Ihre Truppen rekrutierten sich aus unterschiedlichen Stämmen – darunter häufig junge Krieger, die, um Beute zu machen, vielfach weite Plünderungszüge unternahmen. Sie sammelten sich um einen der ihren, unter dessen Führung sie sich eine erfolgreiche Unternehmung versprachen. Die Überlieferung weiß wenig über diese Heerführer bzw. Eliten. Für die Frühzeit sind beispielsweise Caesar und Tacitus unsere Gewährsmänner; Hinweise finden sich darüber hinaus aber auch noch bei Ammianus Marcellinus. Fast immer handeln diese Berichte von kriegerischen Auseinandersetzungen: Meist ging es um die Konfrontation und Allianzen zwischen römischen und germanischen Heerführern. In der Regel werden demgegenüber zivile innergermanische Aspekte, wie etwa die Stellung der Heerführer in ihren Siedelgemeinschaften, ausgeblendet. Die ältere Forschung geht vor dem Hintergrund der antiken Quellen und ihres in dieser Hinsicht spärlichen Informationsgehalts von einer monarchischen Herrschaftsorganisation bei den Germanen aus.

Wenn Römer Sold und Subsidien – Unterstützungszahlungen – an

Bewohner des Barbaricums abführten oder Barbaren bei Plünderungen Beute machten, so steigerte dies das Sozialprestige von Häuptlingen, Heerführern und Kriegern in ihrer bäuerlichen Umwelt. So wurde die soziale Differenzierung der Gemeinschaft maßgeblich durch das kriegerische Element bestimmt und ihre Durchlässigkeit gefördert. In der römischen Gesellschaft hatten germanische Krieger besondere Aufstiegsoptionen, die sie in der Spätantike bis in das Amt des *magister militum* (Heermeister) führen konnten. So erlangten Germanen im spätantiken Rom höchste militärische Positionen. Mit Arminius – dem Sieger der Varusschlacht (9 n. Chr.) – bekleidete schon in augusteischer Zeit ein Germane einen hohen römischen Offiziersrang. An diesem frühen Beispiel lässt sich bereits das betreffende System in den historiographischen Quellen zu Beginn der römischen Kaiserzeit erkennen.

Anhand verschiedener archäologischer Fundstücke kann man diese Verbindung zwischen Römern und Germanen noch schärfer profilieren. Dazu gehört beispielsweise das berühmte Königsgrab von Mušov, das 1988 bei Břeclav im heutigen Tschechien entdeckt wurde – unweit eines einstigen Römerstützpunkts gelegen. Es handelt sich dabei um ein etwa 3,5 mal 3,5 Meter großes, hölzernes Kammergrab in Blockbautechnik mit einer Steinbedachung, wie sie für die römische Kaiserzeit um 180 n. Chr. charakteristisch war. Leider wurde es schon bald nach der Bestattung geplündert. Davon zeugen ein Schacht, durch den die Grabräuber eingestiegen sind, ferner verstreut liegende Knochen sowie das Fehlen von Beigaben, die in solch einem Kontext zu erwarten wären, beispielsweise Schild und Schwertgurt. Das verbliebene Grabinventar umfasst allerdings immer noch an die 200 Gegenstände – vor allem provinzialrömischer, aber auch germanischer Herkunft –, die auf die hohe gesellschaftliche Stellung des Bestatteten hindeuten.

Detailinformation: Sie sollen exemplarisch für die Ausstattung eines frühen Fürstengrabes beschrieben werden: Zur persönlichen Ausrüstung gehörten etwa eine blattförmige eiserne Lanzenspitze mit silbernen Symbolzeichen, goldene Schildrandeinfassungen, zwei silberne Trinkhornbeschläge, mit Gold und Silber verzierte Stuhlsporen, silbervergoldete Gürtelgarnituren sowie Fragmente eines Kettenpanzers. Mehrheitlich zeugen die Beigaben vom Einfluss römischer Kultur: darunter Bronze- und Silbergeschirr, etwa der bekannte Bronzekessel des Westlandtyps mit vier angelöteten Germanenbüsten mit Suebenknoten im Haar als Attaschen. Auch eine bronzene Doppellampe vom Typ Mahdia mit erhaltenem Leinendocht, römische Schminkutensilien in acht gläsernen Vierkantflaschen, weitere Glasgefäße, darunter zwei Griffschalen, silbernes Tafelgeschirr, Silberlöffel, Sätze provinzialrömischer Keramik, ein silbervergoldeter Tischbeschlag verziert mit Darstellungen römischer Gottheiten sowie ein bronzener Klapptisch mit Pferdeprotomen (den Köpfen der Pferde), die auf den Tischbeschlag aufgesetzt waren. Letzterer wurde – wie auch einige andere Stücke – bereits um Christi Geburt hergestellt. Offenbar entstammte das Grabinventar also einem Familienbesitz, der über einen langen Zeitraum hinweg zusammengetragen worden war.

Das zeigt sich auch im Hinblick auf die Grabbeigaben, die aus den Provinzen selbst stammen. Unter diesen befinden sich ebenfalls einige ‹Antiquitäten›, allerdings keltischen Ursprungs. ‹Zeitgenössisch› germanisch sind dagegen Teile der Kampfausrüstung – ein Schuppenpanzer und diverse Waffen – sowie Stuhlsporen und Gürtelgarnituren. Was genau durch die Plünderung des Grabes verlorengegangen ist, lässt sich nicht mit Sicherheit sagen. Es ist aber davon auszugehen, dass es die kostbarsten Gegenstände waren, da die Plünderung direkt im Zentrum des Grabes stattfand.

Betrachtet man den Reichtum des Grabinventars, so muss die Anlage als das erste Königsgrab der germanischen Geschichte gelten. In diesem Sinne ist es ein Vorläufer der Fürstengräber des 3. Jahrhunderts n. Chr. Obwohl es unweit der riesigen römischen Militäranlage von Mušov gefunden wurde, darf man annehmen, dass es sich dabei um die letzte Ruhestätte eines germanischen Königs aus dem Volk der Quaden handelte, der mit den Römern verbündet war. Die römischen Beigaben widersprechen dem nicht, vielmehr erhellt die Ausstattung des Grabes, wie der direkte Kontakt mit Rom das Gefüge der germanischen Gesellschaft beeinflusste. Darüber hinaus zeigen die Beigaben, dass der dort Bestattete über vielfältige Beziehungen weit über die Region hinaus verfügte. Wer solche Kontakte hatte, für den war es auch nicht allzu

 Fürstengräber der älteren römischen Kaiserzeit vom Lübsow-Typ

19 Fürstengräber der jüngeren römischen Kaiserzeit der Haßleben-Leuna-Gruppe

schwierig, große Heeresverbände zusammenzuführen, die Rom gefährlich werden konnten.

Bereits seit dem 1. Jahrhundert n. Chr. entstanden abseits der Brandgräberfelder, auf denen die Überreste der Verstorbenen meist ohne Beigaben bestattet wurden, auch reich ausgestattete Körpergräber, in denen vermutlich Vertreter der Eliten der germanischen Gesellschaft ihre letzte Ruhestätte fanden. Benannt nach einem Fundplatz in Hinterpommern werden sie als Gräber vom Lübsow-Typ bezeichnet. Einen anderen Bestattungsritus zeigen dagegen die Grabstätten nahe Hagenow in Mecklenburg; entstanden in der zweiten Hälfte des 1. und im Laufe des 2. Jahrhunderts. Importiertes römisches Bronzegeschirr diente dort als Leichenbrandbehälter. Dieses Bronzegeschirr gelangte als Beutegut – errungen auf Feldzügen in gallisches Gebiet, wo Caesar seinen Krieg führte – bzw. durch Handelskontakte mit dem Römischen Reich in die Hände der Germanen.

In den Lübsow-Gräbern wurden vermutlich reiche Bauern bestattet. Diese Bestattungen sind im Verhältnis zu den ärmlicheren Gräbern zu zahlreich, als dass es sich dabei tatsächlich um Fürstengräber handeln könnte. Deren gab es damals nur wenige. Ein seltenes Beispiel ist das opulent ausgestattete Grab von Hoby auf Lolland in Dänemark. Im Laufe der Jahrhunderte wuchs jedoch innerhalb der germanischen Gesellschaft die Kluft zwischen Arm und Reich: die Bauern verarmten entweder oder wurden zu reichen Fürsten. Zwar nahm infolge dieser sozialen Entwicklung die Zahl an reich ausgestatteten Grabstätten ab, während die wenigen Fürstengräber immer prachtvoller wurden. Sie verwandelten sich – wie am Beispiel des Königsgrabs von Mušov deutlich wird – in wahre Schatzkammern. Insbesondere Edelmetall erfreute sich bei den neuen Eliten großer Beliebtheit.

Darüber hinaus entwickelten sich spezifische Herrschaftszeichen: Grabkammer und Grabhügel sowie die blattförmige Lanzenspitze mit den silbernen Symbolen, die im Grab von Mušov gefunden wurde. Solch ein Grabhügel war ein weithin sichtbares Distinktionsmerkmal, das noch über den Tod hinaus die herausgehobene Stellung des Grabherrn verkündete, und zwar auch dann noch, wenn jene Distinktionsmerkmale, die er zu Lebzeiten auf seinen Gewändern getragen hatte, schon lange ihren Zweck nicht mehr erfüllen konnten.

Diese Entwicklung, die schon zur Zeit der Markomannenkriege einsetzte, wurde insbesondere im 3. Jahrhundert n. Chr. virulent. Zusätzlich verlagerte sich der Raum, in dem solche Fürstengräber in besonderer Häufung auftraten, vom Niederelbe- bzw. Ostseeküstengebiet nach Süden: So liegen die meisten Prunkgräber aus dieser Zeit im Mittelelbe- und Saalegebiet sowie im Thüringer Becken. Nichtsdestotrotz blieben diese lange Zeit unentdeckt. Grund dafür war die Praxis der Brandbestattung, die das Grabinventar fast vollständig vernichtete. Exemplarisch zeigt dies der Fund eines Brandgrabs in Grethem, in dessen Holzkoheresten Spuren prachtvoller Beigaben nachzuweisen waren. Neben Keramikgefäßen wurden dem Grabherrn Glasgefäße, Buntmetall- und Silbergeschirre sowie feinster römischer Schmuck beigegeben. Auch in diesem Fall wird die Verbindung zur römischen Welt durch Importe und die Imitation römischer Lebensgewohnheiten offensichtlich. Fürstengräber sind also kein rein elbgermanisches Phänomen, sondern treten auch bei den Westgermanen auf, wie sich im Fall von Grethem nachweisen lässt. Allerdings veränderte sich die Ausstattung der Fürstengräber je nach Zeit und Ort, wo sie entstanden.

FÜRSTEN ALS VERBÜNDETE UND FEINDE ROMS IM SPIEGEL IHRER GRABINVENTARE

Nach dem Harzhorn-Feldzug entstanden in Mitteldeutschland zahlreiche Fürstengräber, die zur sogenannten Haßleben-Leuna-Gruppe gehören. Anhand dieser Begräbnisse versuchten Wissenschaftler erstmals, allgemeine Kriterien zur Einordnung von Fürstengräbern zu entwickeln. Das Gräberfeld von Haßleben liegt knapp 20 Kilometer nördlich von Erfurt. Auf dem Gelände befindet sich ein Grab, das als Fürstengrab klassifiziert werden kann. Gegenüber den anderen Gräbern zeichnet es sich vor allem dadurch aus, dass es über eine Grabkammer und eine ganz besondere Ausstattung verfügt: Goldene Kopfschmucknadeln, silberne Scheibenfibeln mit Almandin- und Bernsteineinlagen, zwei Schmuckkästchen mit Bernsteinschmuck und weitere erlesene Gegenstände weisen auf den Reichtum der dort bestatteten jungen Dame hin. Von ähnlicher Machart und Ausstattung sind auch die Fürstengräber, die auf dem Gräberfeld von Leuna gefunden wurden, etwa 20 Kilometer südlich von Halle/Saale gelegen. Sowohl der Einbau von Grabkammern als auch die prunkvollen Beigaben – silberne Schalen und Löffel, römische Importware wie Gläser und Bronzegeschirr usw. – stellen den Bezug zu Haßleben her.

Die Gräberfelder von Haßleben und Leuna wurden bereits vor langer Zeit entdeckt: Haßleben 1912 und Leuna 1834. Als man sie erforschte, verfügte man noch nicht über das moderne Spektrum archäologischer Methoden. Diese kamen jedoch im Fall des 1990 unweit von Magdeburg entdeckten Grabes von Gommern zum Einsatz, das gleichfalls zur Haßleben-Leuna-Gruppe gerechnet werden kann. Anhand der Grabbeigaben lässt sich seine Entstehung auf das mittlere Drittel des 3. Jahrhunderts datieren. Es steht mithin im Zeithorizont des Harzhorn-Feldzugs, so dass jene, die diese Grabstätte einst anlegten, sehr wahrscheinlich um die römische Invasion wussten, wenn sie nicht gar von ihr betroffen waren.

Ebenso wie die Prunkgräber von Haßleben und Leuna zeigt auch das Fürstengrab von Gommern eine hölzerne Grabkammer. Es lässt aufgrund der guten archäologischen Dokumentation eine Beschreibung des Befundes eines solchen späten Fürstengrabs zu. Das Grab war durch Sandabbau, d. h. durch Erdarbeiten, bereits beschädigt und konnte nur durch die Aufmerksamkeit von ehrenamtlichen Bodendenkmalpflegern weitgehend gerettet werden. Allerdings haben die ersten Notbergungsmaßnahmen zu weiteren Beeinträchtigungen des Befundes geführt. Der Archäologe Matthias Becker beschreibt die ca. eineinhalb Meter hohe, vermutlich weiß verputzte und farbig ausgestaltete Kammer. Sie war mit hölzernen Einbauten versehen oder sogar möbliert. Ihre Überdachung bestand aus einer Steinpackung, über der wiederum wahrscheinlich ein Erdhügel aufgeschüttet war. Der Tote, ein großer, schlanker, etwa 35- bis 40-jähriger Mann, lag bekleidet auf einer hölzernen Liegestatt. Zu seiner Tracht gehörten ein goldener Halsring, eine goldene Fibel, die einen Mantel zusammenhielt, zwei silberne Gürtelgarnituren mit zugehörigen Taschen, eine an einem Gürtel befestigte silberne Schere und silberne Sporen. Hierbei handelte es sich vermutlich um die Alltagsbekleidung des Toten. Details – etwa die der Händigkeit entsprechende Schere – lassen darauf schließen, dass der Tote Linkshänder war. Die weiteren Beigaben zeigen, dass der Tote über eine ganz exklusive Grabausstattung verfügte, welche seine herausragende Stellung und seine Beziehungen zu den verschiedenen germanischen Gesellschaften und vor allem zu Rom verdeutlicht: Zu den römischen Beigaben zählt ein bronzener Dreifuß am Fußende des Grabes, der eine hölzerne, mit Bronze beschlagene Tischplatte getragen hat. Auf dem Tisch standen ein Brettspiel, eine Kelle-Sieb-Garnitur und ein Schlangenfadenglas, ebenfalls römischer Herkunft. In der Ostecke des Grabes befand sich ein hölzerner Kasten mit einem zusammengerollten, silberbeschlagenen Prunkgürtel aus Leder, dessen Oberfläche mit einer blattgoldhinterlegten Durchbruchsarbeit verziert war: Dabei handelt es sich um einen Ornat, der zu repräsentativen Zwecken getragen wurde. Unter dem Aufbewahrungsmöbel waren im Kopfbereich zwei römische Bronzeeimer vom Hemmoorer Typ platziert; unter den Füßen befand sich ein bronzener Westlandkessel, in dem wiederum verschiedene Beigaben lagen. Darüber waren ein exklusiver silberner römischer Eimer vom Hemmoorer Typ und weitere Objekte deponiert. Neben der linken Hüfte des Toten standen mit Silber beschlagene hölzerne Gefäße auf dem Aufbewahrungsmöbel. Sie enthielten wie die Gürteltaschen weitere kleine Beigaben. Am Kopfende der Bestattung lehnte der Schild mit silberner Fessel und silberner Randumbördelung an der Kammerwand. Sein Buckel ist vollständig aus Silber gearbeitet: Es war ein von einem germanischen Schmied umgearbeiteter römischer Gegenstand. Die Oberfläche des Schildes war mit vergoldeten Silberpressblechen verziert. An der nördlichen Wand hing ein Köcher mit silbernen Attaschen; darin befanden sich drei Pfeile mit silbernen Spitzen. Die prunkvollen Beigaben zeigen nicht nur hohe soziale Stellung bzw. die Selbstdarstellung des Bestatteten, sondern auch die hohe Mobilität der germanischen Eliten zu jener Zeit.

Seit der Zeit der großen Germaneneinfälle bei Mainz, die den Kaiser zum Eingreifen veranlassten und somit letztlich zum Harzhorn-Feldzug führten, kam es auf provinzialrömischem Boden immer wieder zu Plünderungen durch germanische Verbände, die sogar bis in die Zentren des Römischen Reiches, d. h. Gallien und Italien, vorstießen – eine Bedrohung, deren Rom erst Ende des 3. Jahrhunderts Herr wurde. Bei ihren Raubzügen konnten sich die plündernden Germanen exzessiv bereichern. Das beweisen zum einen verschiedene Hortfunde mit Plünderungsgut; zum anderen spiegelt sich diese Entwicklung in der immer opulenter werdenden Ausstattung der Fürstengräber. Allerdings handelte es sich dabei nicht ausschließlich um Plünderungsgut. Die Germanen kämpften nämlich auch auf der Seite Roms, erhielten römische Münzen als Sold oder kauften bei römischen Händlern.

Leider mangelt es noch an archäologischen Befunden germanischer Siedlungen in diesen Gegenden. Zusammen mit den zugehörigen Gräbern könnten sie weitere Erkenntnisse liefern. Ist zum Beispiel der Sitz des Fürsten nicht nur durch Gräber, sondern auch im Siedlungszusammenhang nachzuweisen? Exemplarisch zeigt sich dies derzeit in Marwedel, im Hannoverschen Wendland. Dort wurde eine Siedlung aus dem späten 1. bis 3. Jahrhundert entdeckt, zu der ein Gräberfeld mit Grabstätten des Lübsow-Typs gehört. Die noch nicht endgültig ausgewertete Grabung hat zumindest in Marwedel ein besonders großes germanisches Wohnstallhaus, ca. 30 Meter lang, erbracht, das in diese Richtung deuten könnte.

Als spektakuläre Funde gelten die großen Mooropferplätze in Nordeuropa wie etwa Illerup Ådal in Dänemark, Vimose auf der dänischen Insel Fünen, Nydam in Süddänemark oder Thorsberg in der Landschaft Angeln (Kreis Schleswig-Flensburg). In sämtlichen dieser Moore wurden Waffen und Kriegsgerät gefunden. Man geht daher davon aus, dass dort Kriegsbeute geopfert wurde. Die gegnerische Kampfausrüstung – wiewohl überaus wertvoll allein durch ihren Metallanteil – wurde dabei absichtlich zerstört; einerseits um den eigenen Sieg zu demonstrieren;

andererseits um die Identität der Besiegten auch symbolisch auszulöschen und schließlich, um den Göttern einen überzeugenden Beweis der Dankbarkeit für den errungenen Erfolg darzubringen: Kein Mensch sollte mit diesen Objekten jemals wieder arbeiten; sie waren ausschließlich den Göttern zur Huldigung dargebracht.

Bemerkenswert an diesen Funden sind nicht nur der ausgezeichnete Zustand von Waffen- und Pferdegeschirrteilen, sondern auch der hohe Konservierungsgrad organischer Materialien wie Leder oder Wolle. Dabei sind zwischen den verschiedenen Fundstätten signifikante Unterschiede zu beobachten. Im sehr sauren Milieu des Moores von Thorsberg blieben beispielsweise organisches Material und Buntmetalle hervorragend erhalten, während sich Gegenstände aus Eisen auflösten. Im kalkhaltigen Milieu der Moore von Illerup Ådal, Vimose oder auch Nydam sind Leder und Wolle hingegen vergangen, während alle Metalle, Geweih, Knochen, Holz und Pflanzenfasern sehr gut konserviert wurden.

Dass solchen Opferungen auch überregionale Konflikte vorausgingen, zeigen die hochseetauglichen Nydam-Schiffe aus dem gleichnamigen Moor. Die weiteren Funde aus dem Nydamer Moor wurden genauestens archäologisch analysiert: Es konnten durch die Zusammensetzung von Fundfragmenten, die von beim Opfern absichtlich beschädigten, zerhackten und damit unbrauchbar gemachten Gegenständen stammen, und ihre Kartierung mindestens vier Niederlegungen nachgewiesen werden. Sie stammen aus der Zeit zwischen 200 und 500 n. Chr. Auch für die anderen Moore lassen sich unterschiedliche Deponierungszeitpunkte unter Anwendung der für Nydam entwickelten Methoden angeben. Mit Blick auf die Schlacht am Harzhorn ist in dieser Hinsicht insbesondere das Thorsberger Moor von Interesse. Die umfangreichste Deponierung von Beutegut im Thorsberger Moor fand nämlich zwischen 220 und 240 n. Chr. statt, d. h. um die Zeit des Harzhornereignisses. Germanische Kriegsbeute aus dem Feldzug des Maximinus Thrax könnte also – ebenso wie das Plünderungsgut des schweren Einfalls nach Obergermanien und Raetien im Jahr 233 n. Chr. – durchaus auch nach Thorsberg gelangt sein. Einige hochwertige Ge genstände aus Thorsberg lassen erkennen, dass es einen Kontakt zu den nordwestlichen Provinzen gegeben haben muss. Ein Teil der militärischen Ausrüstungsgegenstände stammt direkt aus römischen Werkstätten. Die Moorfunde belegen, dass die Germanen überwiegend römische Schwertklingen verwendeten. In Vimose entdeckte man beispielsweise einen Schwertriemenbügel aus provinzialrömischer Massenproduktion. Dies erlaubt den Schluss, dass es einen planvollen Handel zwischen Rom und diesen Gebieten gegeben haben könnte.

Von der Ausrüstung der germanischen Krieger, die gegen Maximinus gekämpft haben, wissen wir vor allem durch die Moorfunde; insbesondere durch jene aus Thorsberg. Jeder germanische Krieger besaß zwei Gürtel: einen privaten, der innen getragen wurde und an dem er seine persönliche Ausrüstung wie etwa Kamm und Pinzette mit sich führte, und einen äußeren, an dem Waffen sowie Rangabzeichen hingen. Genauso wie die Römer so benutzten auch die Germanen seit den Markomannenkriegen die doppelschneidige Spatha, das Langschwert, das üblicherweise rechts getragen wurde. Zusätzlich führte jeder Krieger mehrere Wurfspieße mit sich; es sei denn, es handelte sich um einen der Bogenschützen, die seit dieser Zeit auch schon in germanischen Verbänden kämpften. Sie verwendeten Langbögen aus Eibenholz, die mit hoher Durchschlagskraft Pfeile verschießen konnten. Um sich gegen die gleichfalls mit Pfeil und Bogen bewaffneten Krieger ihrer Gegner verteidigen zu können, wurden die Schilde mit einer Darmschicht überzogen. Das machte sie widerstandsfähiger, da sie die Holzbretter zusammenhielt und auch wasserabweisend war. Das Gros der so bewaffneten Soldaten dürfte zum Fußvolk gehört haben. Über Pferde verfügten dagegen nur ausgesuchte Soldaten aus dem Umfeld der Heerführer. Den Reitern kam eine besondere Bedeutung zu, da sie den Kampfverbänden Schnelligkeit und Reichweite verschafften. Die großen, weit in das römische Hinterland hineinreichenden Züge, welche die Germanen seit den Markomannenkriegen unternahmen, wären ohne sie nicht durchführbar gewesen. Das Pferdegeschirr, das in Thorsberg gefunden wurde, zeigt darüber hinaus, dass die Tiere in verschiedener Weise eingesetzt wurden. In der Schlacht verwendete man Zaumzeuge mit Kandarentrensen sowie Kehl- bzw. Nasenberge. Diese wirkten beim Anziehen der Zügel schmerzhaft auf das Maul des Pferdes ein: Sie sorgten für ein sofortiges Parieren des Tieres, was bei Kampfhandlungen unerlässlich war. Zu dieser Anschirrung gehörten häufig auch Zügelketten. Sie machten es möglich, die Pferde mit der einen Hand zu reiten, während man mit der anderen Hand die Waffe führte. Lederzügel und Wassertrensen machten hingegen ein beidhändiges Reiten erforderlich. Sie dienten anderen Aufgaben, wurden z. B. bei Botenritten oder für Zugtiere eingesetzt.

Die Funde aus Thorsberg verhelfen uns so zu außerordentlichen Erkenntnissen über die germanischen Gegner des Maximinus. Darüber hinaus erfahren wir wie auch aus den Fürstengräbern, dass sich im Laufe der Zeit die sozialen Unterschiede zwischen den Germanen vertieft hatten.

KAPITEL 8

DAS ENDE DES MAXIMINUS THRAX

In der zweiten Hälfte des Jahres 236 n. Chr. verließ Maximinus die germanischen Schauplätze, um nach *Sirmium*, dem heutigen Sremska Mitrovica in Serbien, zu ziehen. Die heutige Kleinstadt am linken Ufer der Save liegt etwa 70 Kilometer westlich von Belgrad. In der Antike entwickelte sich die Stadt als wichtiger Verkehrsknotenpunkt zu einem großen wirtschaftlichen Zentrum. Zum einen konnte man von Italien über *Sirmium* nach *Singidunum* (Belgrad) und dann in die östlichen Provinzen des Reiches gelangen; zum anderen war über die Save auch die nahe gelegene Donau gut zu erreichen, die nicht nur eine zentrale Verkehrsader war, sondern auch über lange Abschnitte die östliche Reichsgrenze darstellte. Das südlich davon liegende Dalmatien war ebenfalls gut angebunden. Kurzum: Die geographische Lage von *Sirmium* verhalf der Stadt zu großer Bedeutung, die gerade in den konfliktreichen Zeiten der Soldatenkaiser im 3. Jahrhundert n. Chr. noch wuchs. Manche Usurpationen nahmen von dort ihren Ausgang, und einige Kaiser stammten aus der Region um *Sirmium* bzw. aus der Stadt selbst, oder sie residierten dort zumindest für längere Zeit: Decius Traianus (249–251), Aurelian (270–275), Probus (276–282) und Maximian (285–305). Claudius II. Gothicus (268–270) verbrachte einen Großteil seines Lebens in *Sirmium*. Vor allem zwischen 320 und 324 n. Chr. diente die Stadt Kaiser Konstantin I. (306–337.) als Residenz. Noch während des gesamten 4. Jahrhunderts n. Chr. hielten sich immer wieder römische Imperatoren in *Sirmium* auf. Die Reste eines im späten 3. Jahrhundert entstandenen Kaiserpalastes, der bis in die zweite Hälfte des 4. Jahrhunderts bewohnt wurde, zeugen noch heute von dieser Zeit.

Was nun das nahe gelegene *Singidunum* betrifft, so illustriert auch in diesem Falle die Zahl der mit dieser Stadt verbundenen Herrscher ihre politische Bedeutung. Dies belegt schon die Anwesenheit des Maximinus, der von *Singidunum* aus einige siegreiche Vorstöße nach Dakien, in Richtung des heutigen Rumänien, unternahm. Noch vor Jahreswechsel wurden Maximinus 236 die Siegertitel *Dacicus maximus* und *Sarmaticus maximus* zugesprochen. Es folgten die dritte und bald darauf die vierte imperatorische Akklamation, mit der Kaiser von ihren Truppen als erfolgreiche Feldherren geehrt wurden. Die Akklamationen wurden gezählt und sodann – beispielsweise auf Münzen und in Inschriften – in die offizielle Titulatur des Kaisers übernommen. «Nach der Befriedung Germaniens kam er nach Sirmium, um Krieg gegen die Sarmaten zu führen. Er hatte die Absicht, die nördlichen Gebiete bis zum Ozean unter römische Herrschaft zu bringen. Das wäre ihm auch gelungen, wenn er länger gelebt hätte, wie der griechische Schriftsteller Herodian behauptet, der ihm nach unserer Ansicht aus Abneigung gegen Alexander sehr gewogen ist.» (Historia Augusta, Maximini Duo 13,3).

Die Erfolge an der Donau stärkten die Herrschaft des Maximinus. Während jedoch Caius Iulius Verus Maximus, sein zwanzigjähriger Sohn, in dieser Zeit zum Caesar erhoben wurde, verschlechterten sich die Beziehungen zum Senat in Rom zusehends. Das lag mitunter daran, dass Maximinus gegen die Anhänger des Severus Alexander entschieden vorgegangen war, darunter auch gegen zwei Usurpatoren aus dem Senatorenstand. Schwerer aber noch wog, dass Maximinus für den Unterhalt des großen Heeres und seine Kriege so viel Geld benötigte, dass die Steuern erhöht werden mussten. Von Herodian (7,3,5) erfahren wir: «Nachdem Maximinus die meisten vornehmen Familien in Armut gestürzt hatte, da er die so gewonnenen Summen für klein und unbedeutend, seinem Verlangen nicht entsprechend erachtete, wandte er sich den öffentlichen Geldern der Gemeinden zu: Er zog Geld an sich, das für die Beschaffung von Korn oder als Spenden für das Volk gesammelt worden oder auch für Theateraufführungen und Festumzüge zurückgelegt worden war. Die Tempelgaben und Götterstandbilder und Ehrenzeichen der Heroen, wenn ferner es einen Schmuck von öffentlicher

Hand oder die Ausschmückung einer Stadt gab oder überhaupt einen Stoff, um daraus Geld zu machen, alles ließ er einschmelzen.» Ähnliches bezeugt auch die Historia Augusta (Maximini Duo 13,5): «...[E]r machte die reichsten Leute zu Bettlern, beschaffte sich Geld einzig und allein auf fremde Kosten.» Als deshalb 238 n. Chr. in der Provinz *Africa Proconsularis* ein Aufstand gegen Maximinus aufflammte, stellte sich auch der Senat gegen den Kaiser.

Brennpunkt der Auseinandersetzungen war die Stadt *Thysdrus* (El Djem) im modernen Tunesien, das gemeinsam mit der damaligen Provinz Tripolitanien (heute das westliche Libyen) für die Versorgung Italiens mit Agrargütern von großer Bedeutung war: Insbesondere Olivenöl und Getreide waren Exportprodukte dieser Region, auf die man nördlich des Mittelmeers angewiesen war. Diese Funktion als zentraler Agrarexporteur bescherte auch *Thysdrus* großen Wohlstand. Deshalb litt die Bevölkerung dort besonders unter den Steuererhöhungen – und zwar in einem Maße, dass sich sogar junge Männer aus gutem Hause militärisch organisierten und den verhassten kaiserlichen Procurator (Steuereintreiber) ermordeten. Dieser zunächst noch räumlich begrenzte Konflikt weitete sich bald auf Rom aus. Dies war der Anfang vom Ende der Herrschaft des Maximinus. Anfang des Jahres 238 rief die neu entstandene Miliz in *Thysdrus* den greisen Gordian I., der dort als Prokonsul (Statthalter) residierte, zum Kaiser aus. Er jedoch teilte diese Würde mit seinem jungen Sohn Gordian II. Unter dem Prokonsulat des Gordian wurde übrigens das drittgrößte Amphitheater der römischen Welt gebaut, das der Stadt *Thysdrus* bis heute zu touristischer Attraktivität verhilft. Der Senat, der Maximinus aus bekannten Gründen ohnehin nicht gewogen war, erkannte die beiden Gordiane an und erklärt im selben Zuge Maximinus und seinen Sohn Caius Iulius Verus Maximus zu Feinden des Reiches. In Rom erfasste die Welle der Gewalt, die in *Thysdrus* den Procurator in den Tod gerissen hatte, auch die Anhänger des Maximinus: Selbst der römische Stadtpräfekt Sabinus, der sich lediglich der Gewalt in den Weg stellen wollte, wurde zu Tode geprügelt.

In Numidien, der westlichen Nachbarprovinz von *Africa Proconsula-*

ris, die Teile des heutigen Tunesien und Algerien umfasste, hatte Maximinus jedoch einen prominenten und treuen Anhänger – den Statthalter Capelianus. Jenem stand die *legio III Augusta* zu Gebote, die in *Lambaesis* (Lambèse, Algerien) stationiert war. Mit dieser militärischen Übermacht marschierte er unmittelbar nach dem Aufstand in die Provinz *Africa Proconsularis* ein und rückte im April 238 n. Chr. gegen Karthago vor, wo sich die beiden Gordiane mit ihren Verbänden befanden. Der greise Gordian I., nicht mehr zum Kampf bereit, erhängte sich in dieser Situation, während sein Sohn Gordian II. im Kampf fiel. Nun setzten Säuberungen im Sinne des Maximinus und seiner Anhänger ein, doch der römische Senat stellte sich weiterhin gegen ihn. Alles andere wäre für seine Mitglieder lebensgefährlich geworden – sahen sie doch, dass die Partei des Maximinus an ihren Gegnern in Nordafrika grausame Rache nahm. So wählten sie ein Gremium, das aus zwanzig Senatoren bestand, um klare Machtstrukturen zu schaffen. Dieser Kreis brachte zwei neue Kaiser hervor: Marcus Clodius Pupienus Maximus und Decimus Caelius Calvinus Balbinus. Doch sowohl vom Volk als auch vom Umfeld der Familie der beiden Gordiane ging ein solcher Druck aus, dass sich der Senat gezwungen sah, ein Kind als Kaiser nachzunominieren. Bei ihm handelte es sich um den Enkel von Gordian I., Marcus Antonius Gordianus – ein damals zwölf- oder dreizehnjähriger Junge –, der als Gordian III. in die Geschichte eingehen sollte. Rechnet man Maximinus hinzu, so erlebte das Jahr 238 n. Chr. damit nicht weniger als sechs Kaiser. Sie alle standen vor derselben, dringenden Aufgabe – nämlich der Sicherung Italiens.

In dieser Situation rückte Maximinus selbst mit seinen Truppen von der Donau in Richtung Italien vor. Sein Weg führte durch Pannonien, das heutige Ungarn und Slowenien, über die große, bereits italische Kolonie *Emona* (Ljubljana) in Richtung der Iulischen Alpen. In dieser Region konnte er die Alpen auf dem Weg nach Italien am besten passieren; der östliche Alpenbogen verläuft dort in Richtung des adriatischen Meeres hin aus bzw. geht über den Karst in Kroatien ins Dinarische Gebirge (in Kroatien Vélika Kápela) über. Die Bernsteinstraße, eine wichtige Handelsverbindung, führte von *Aquileia* über die Pässe nach

Emona und von dort weiter nach *Carnuntum* (Bad Deutsch-Altenburg), das große römische Legionslager nahe Wien. Dieser Weg wurde über lange Zeit hinweg zum Truppenaufmarsch in Richtung Donau nach Pannonien genutzt; doch seit dem 3. Jahrhundert ändert sich die militärische Orientierung – der fortgesetzte Machtkampf in Rom ließ damals die Heere vor allem in Richtung Italien eilen. In der Spätantike wurde die Straße deshalb massiv befestigt, und es entstand ein Wallsystem mit Militärstützpunkten und Wachttürmen auf einer Länge von über 80 Kilometern: die *Claustra Alpium Iuliarum*. Schon früher, also auch zur Zeit des Maximinus, war die Straße zwar mit Wachtposten versehen; sie nahmen allerdings eher polizeiliche Aufgaben wahr. Diese Männer wären einem großen Truppenaufmarsch gegenüber machtlos gewesen.

Maximinus wollte also die Iulischen Alpen in Richtung Venetien überqueren. Die bereits 181 v. Chr. angelegte *colonia Aquileia*, in der Antike eine riesige Metropole und ein bedeutender Handelshafen südlich des heutigen Udine, war sein nächstes Ziel. Noch heute lässt die Stadt ihre einstige Bedeutung erahnen: Das Forum, die Zivilbebauung, der Flusshafen, die mit prächtigen, frühchristlichen Mosaiken ausgestattete Basilika Santa Maria Assunta und das Museum mit großem Lapidarium künden immer noch von der einstigen Pracht. Und vieles ist noch gar nicht ausgegraben in der antiken Metropole, die inzwischen Teil des UNESCO-Welterbes ist.

Noch bevor Maximinus Aquileia *erreicht, sieht er sich mit massiven Versorgungsproblemen konfrontiert (Herodian 8,1,4). Die Bewohner von* Emona *haben vom Herannahen des Heeres erfahren und noch vor dessen Ankunft ihre Stadt und ihre Ländereien verlassen und alle Lebensmittel mitgenommen.* Aquileia *selbst aber wird vor dem Eintreffen des Maximinus und seines Heers massiv befestigt. Zu diesem Zweck schickt der Senat zwei ehemalige Konsuln, Menophilos und Crispinus. Auch die Einwohner der umliegenden Gebiete ziehen sich zum Schutz hinter die starken Mauern von* Aquileia *zurück. Nachdem Maximinus' Versuch, mit der Stadt zu verhandeln, scheitert, kommt es schließlich zum Krieg, dem* bellum Aquileiense. *In seinem Zentrum steht die Belagerung* Aquileias *durch die Truppen des Maximinus. Es gelingt ihnen zwar, ein Wohn-*

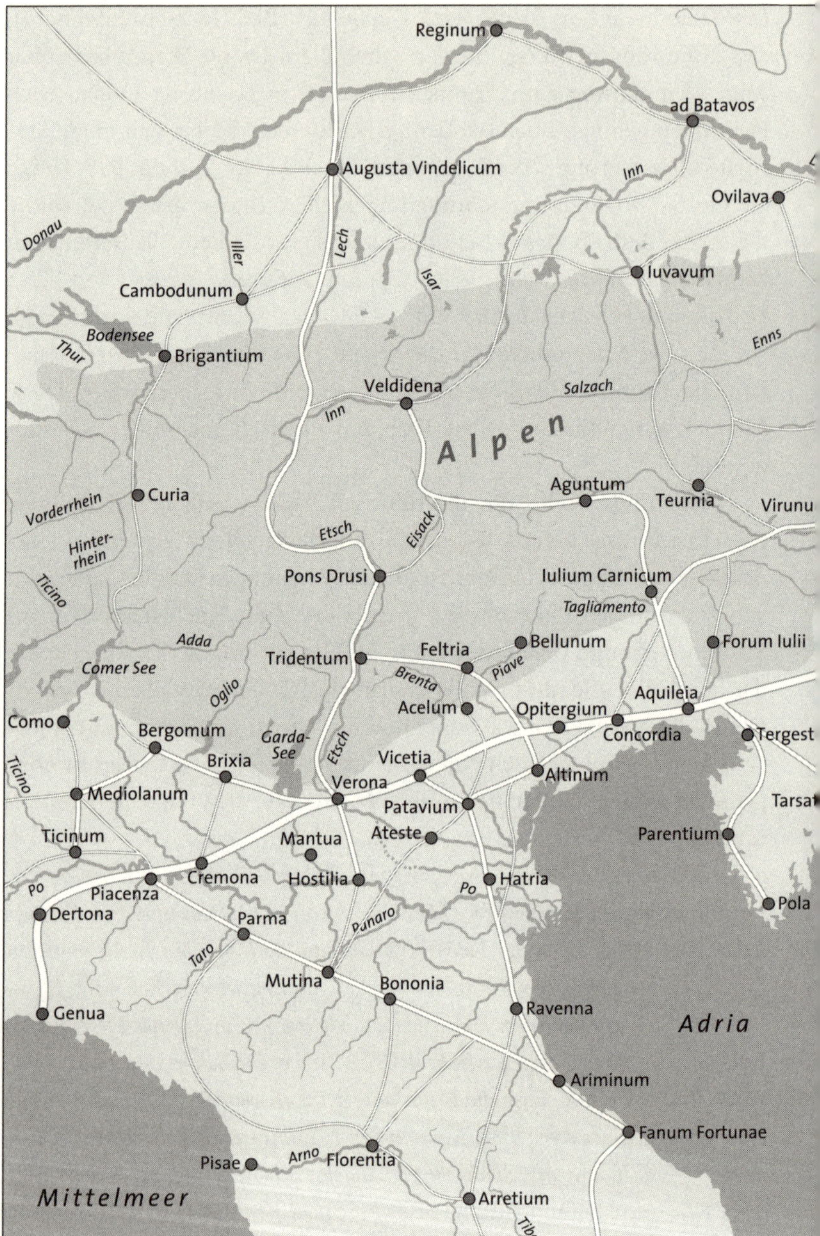

 Römische Straßen in Oberitalien und im Donaugebiet

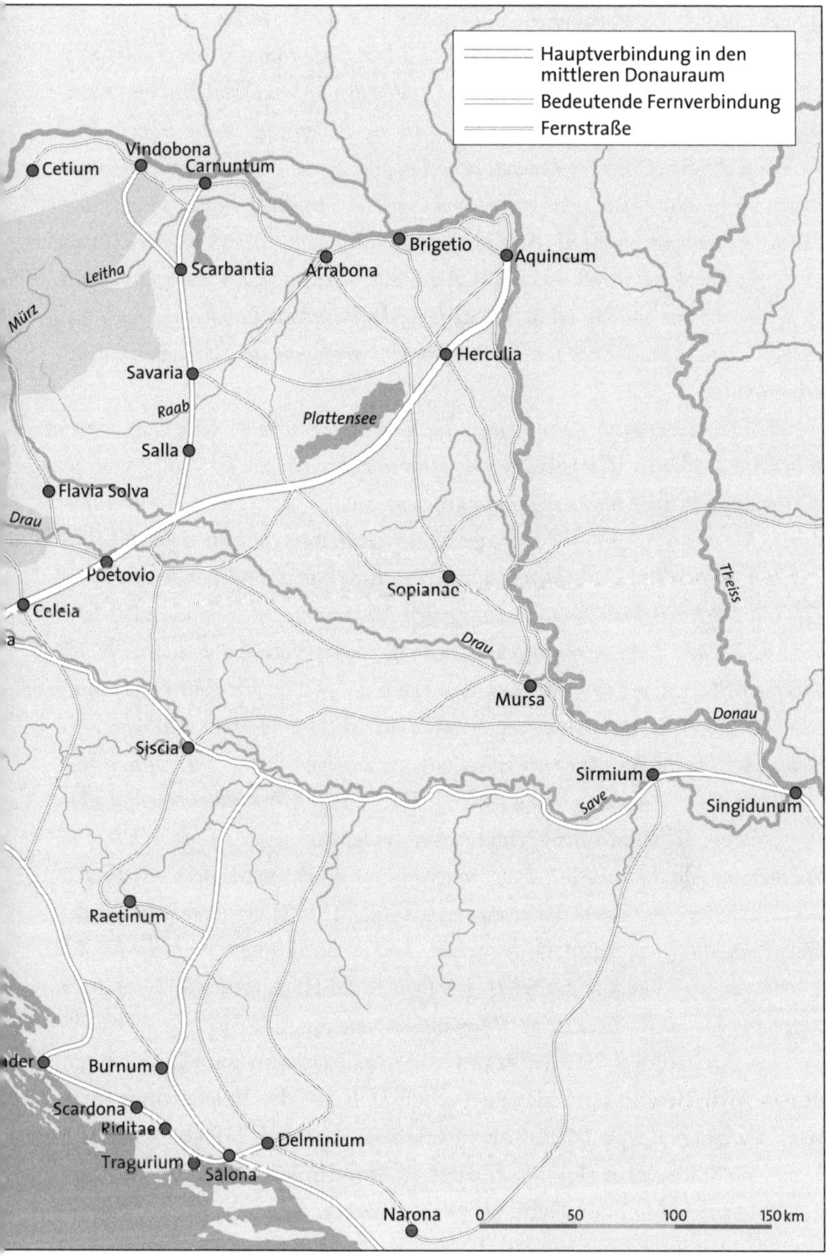

Hauptverbindung in den mittleren Donauraum
Bedeutende Fernverbindung
Fernstraße
Vindobona
Cetium
Carnuntum
Brigetio
Aquincum
Arrabona
Scarbantia
Leitha
Mürz
Herculia
Savaria
Raab
Plattensee
Salla
Flavia Solva
Drau
Poetovio
Celeia
Sopianae
Treiss
Drau
Mursa
Donau
Siscia
Sirmium
Save
Singidunum
Raetinum
Burnum
Scardona
Riditae
Delminium
Tragurium
Salona
Narona
0
50
100
150 km

quartier östlich des Flusshafens zu zerstören und die Verteidiger dort zum Abzug zu zwingen, aber das strategische Ziel des Maximinus, die Stadt selbst einzunehmen, die von ihren Bewohnern mit allen erdenklichen Mitteln verteidigt wird, wird nicht erreicht. So zieht sich die Belagerung in die Länge. Und während die Bewohner im Inneren der Mauern ausreichend mit Vorräten eingedeckt sind, werden die Versorgungsprobleme der Angreifer immer drängender. Auch im Umland finden die Soldaten nichts mehr, denn ähnlich wie in Emona *so haben auch die Einwohner von* Aquileia *bereits vor der Belagerung alle Lebensmittel aus der Region in die Stadt geschafft und die Ländereien brach zurückgelassen. Maximinus und seine Truppen sind von der Versorgung abgeschnitten.*

Die Soldaten sind unzufrieden. Es kommt zur offenen Rebellion, angeführt von der legio II Parthica. *Die Autorität des Kaisers ist dahin, und die Konsequenzen sind blutig. Maximinus, sein Sohn – der Caesar Caius Iulius Verus Maximus – und alle ihre wichtigsten Anhänger werden ermordet, ihre Leichen geschändet. Zur selben Zeit rüstet in Ravenna einer der anderen Kaiser, Clodius Pupienus Maximus, ein Heer gegen Maximinus. Als ihn dort die Nachricht von dessen Tod erreicht, begibt er sich sofort nach* Aquileia *und löst dort das Heer des Maximinus endgültig auf. Die Köpfe des ehemaligen Kaisers Maximinus und seines Sohnes werden auf Stangen gesteckt und in Rom zur Schau gestellt. Noch bevor der Herrscher eine Dynastie errichten kann, fallen er und sein Sohn der* damnatio memoriae *anheim. Ihre Standbilder werden beseitigt, ihre Namen von allen Inschriften getilgt. Ja, es finden sich sogar Münzen mit dem Bildnis des Maximinus, die derart umgearbeitet worden sind, dass das Porträt des Maximinus auf einem Pfahl zu stecken scheint! In dieser Lage wechselt das Belagerungsheer vor* Aquileia *die Seiten, und schließlich wird auch die bei der Beseitigung von Gordian I. und II. beteiligte* legio III Augusta *in Nordafrika aufgelöst. Damit ist die Zeit des Maximinus endgültig Geschichte.*

Im Archäologischen Museum von *Aquileia* kann man heute noch einen Altar bewundern, dessen Reliefs sich auf die Belagerungssituation der Stadt durch Maximinus beziehen. Auf dem linken Seitenbild kniet die Stadtgöttin *Aquileia* vor der Stadtgöttin *Roma*, um deren Hilfe zu erbitten; beide Städte sind als personifizierte Göttinnen mit Mauerkrone auf dem Haupt dargestellt. Über *Aquileia* fliegt ein Adler zum

Zeichen des Sieges. Die Inschrift berichtet von der Verteidigung der Stadt: «Für Iuppiter Optimus Maximus, Iuno, Minerva und den siegreichen Schutzgott Mars, für das Heil und den Sieg unserer Herren, der Imperatores und Caesares, der Augusti M. Clodius Pupienus und D. Caelius Calvinus Balbinus und des alleredelsten Caesar M. Antonius Gordianus; auf ein Gelöbnis hin haben der Veteran Flavius Sevilianus und der Befehlshaber der Soldaten zur Verteidigung von *Aquileia* das Monument errichtet» (Übersetzung Glaser u. Pochmarski 45 nach Lettich 2003). Die Nennung dieser drei Kaiser erlaubt uns, das Monument eindeutig in das Jahr 238 n. Chr. zu datieren. Später allerdings wurden auch die Namen der kurzzeitigen Helden wieder gelöscht, da auch sie selbst bald der *damnatio memoriae* anheimfallen sollten.

Auch die Frontplatte eines Sarkophags verweist auf die Zeit des Maximinus bei *Aquileia*. In diesem Sarg wurden Marcus Aurelius Sossius, ein Feldzeichenträger der *legio IIII Flavia* (in dieser Deutungsvariante wird das ‹V› in der Inschrift als *vexillarius* für ‹Feldzeichenträger› aufgelöst), die uns schon am Harzhorn begegnet ist, und seine Gemahlin Iulia Valentina bestattet. (Es gibt allerdings auch eine andere Deutungsmöglichkeit: Man müsste dann ‹V› als *veteranus* lesen. Das ließe dann eine spätere zeitliche Einordung zu, der zufolge Sossius bereits als Veteran nach *Aquileia* gekommen ist. Allerdings ist diese Auflösung wegen der Soldaten, die auf dem Relief Feldzeichen tragen und mithin aktiv sind, eher unwahrscheinlich.) Der Sarkophag stammt aus *Aquileia*, befindet sich heute aber im Lapidarium (der Steinsammlung) neben der Basilika Sant' Eufemia in der Lagunenstadt Grado, dem ehemaligen Seehafen von *Aquileia*. Zu beiden Seiten der Inschrift sind zwei Soldaten mit Feldzeichen abgebildet, auf denen sich noch die Inschrift EX AQUIL erkennen lässt. Damit dürfte der *exercitus Aquil(ienses)* (das Heer von *Aquileia*) gemeint sein. Marcus Aurelius Sossius war demnach wohl Feldzeichenträger der vierten Legion, die mit Maximinus nach *Aquileia* gekommen war.

Die vierte Legion, die nun zum Abschluss nahe von *Aquileia* inschriftlich wieder in Erscheinung tritt, war seit den frühen Tagen des Kaisers Maximinus Thrax in Mainz, einer der Protagonisten des Harzhorn-Geschehens, der uns immer wieder begegnet ist. Der Name der Legion findet sich auch als Inschrift auf einer römischen Dolabra – jener Axt der Legionäre, die für Schanzarbeiten verwendet wurde –, die man am Harzhorn gefunden hat. Mit ihrer Erwähnung in der Gegend von *Aquileia*, wo der unglückliche Kaiser sein Ende fand, schließt sich damit auch der Kreis der Darstellung.

KAPITEL 9

NACH MAXIMINUS: EINE BELASTUNGSPROBE FÜR DAS REICH

Nach der Ermordung des Maximinus erlebte das Römische Reich über einen Zeitraum von rund fünf Jahrzehnten hinweg dramatische und folgenreiche Stürme: Usurpationen und Bürgerkriege, im Westen immer wieder Einfälle germanischer Verbände – etwa der Alamannen und Franken –, an der Donau Auseinandersetzungen mit germanischen Goten, die einhergingen mit Angriffen von Sarmaten und südosteuropäischen Karpen. Im Osten aber flammten neue Kriege mit den Sassaniden auf. Nicht wenige Kaiser verloren in diesen Auseinandersetzungen ihr Leben. Die Bevölkerung des Reiches war gleichermaßen Kämpfen wie Entbehrungen ausgesetzt. Letztere waren teils eine unmittelbare Folge der Kriege, teils aber auch das Resultat des wachsenden Steuerdrucks. Die fiskalischen Belastungen wuchsen, um die Mittel aufzubringen, die Armeen zu finanzieren. Trotz allem war den beiden germanischen Provinzen nach dem militärischen Erfolg des Maximinus Thrax während des Harzhornfeldzugs und dem anschließenden Wiederaufbau immerhin für mehrere Jahre Ruhe beschieden. Erst nach der Mitte des 3. Jahrhunderts n. Chr. führten die Entwicklungen an den verschiedenen Fronten des Reiches zur großen Katastrophe in Raetien und den beiden Germanien.

ENTWICKLUNGEN UND KONFLIKTE ZWISCHEN DONAU UND MESOPOTAMIEN

Wie bereits angedeutet, flammten an der Ostgrenze des Reiches die Auseinandersetzungen mit den Sassaniden wieder auf (s. Karte S. 52/53). Als ihr erster Herrscher Ardaschir I (224–240) gestorben war, folgte ihm sein Sohn Schapur I. auf den Thron und regierte von 240 bis 272 n. Chr. Eine der Ursachen für den neuen Krieg war die bereits geschilderte Eroberung Hatras (S. 55–56). Damals zog Gordian III. (238–244 n. Chr.) im Frühjahr 243 n. Chr. gegen Schapur I. ins Feld. Gelang es ihm noch im selben Jahr, die Städte Nisibis und Karrhai zurückzuerobern, so erlitt er Anfang 244 n. Chr. eine schwere Niederlage. Das römische Heer wurde bei Mišik von Schapur I. besiegt. Der Kaiser fand dabei den Tod. In dieser Situation musste Rom hohe Geldzahlungen leisten und verlor seinen Einfluss in Armenien. Schapur I. machte Armenien in der Folge zur Provinz des Sassanidenreichs.

Acht Jahre später, 252 n. Chr., kam es neuerlich zum Krieg gegen Rom: Schapur I. fiel in Syrien und Kappadokien ein. Das Imperium erlitt große Verluste, doch schließlich scheint seine Strategie erfolgreich gewesen zu sein, da sich die Sassaniden 253 n. Chr. auf ihr Gebiet zurückzogen. Aber die Lage blieb nicht stabil. Im Feldzug des Jahres 260 n. Chr. errangen die Sassaniden gegen Rom einen gewaltigen Erfolg: In der Schlacht von Edessa konnte Schapur I. ranghohe römische Beamte und den Kaiser Valerian (253–260 n. Chr.) besiegen und sogar gefangen nehmen. Valerian starb noch im selben Jahr in Gefangenschaft; angeblich wurde sein Leichnam gehäutet und die Haut ausgestellt. Diese Ereignisse sind auf einem Felsrelief in der sassanidischen Residenzstadt Bischapur, die in der heutigen iranischen Provinz Fars liegt, dargestellt – Schapur I. sitzt hoch zu Ross, ihm zu Füßen liegt der getötete Kaiser Gordian III. Vor ihm kniet Philippus Arabs (244–249 n. Chr.), der Nachfolger Gordians, der einen schmachvollen Frieden aushandeln musste. Hinter dem Pferd Schapurs aber steht Valerian mit erhobenem Arm, dessen Handgelenk der sassanidische Herrscher hält – ein Zeichen

21 Felsrelief von Bischapur. Philippus Arabs kniet vor Schapur, um einen schmachvollen Frieden zu erbitten. Zwischen Schapur und Philippus Arabs steht der gefangene Valerian. Unter dem Pferd befindet sich der getötete Gordian.

dafür, dass er eigenhändig den römischen Kaiser gefangen genommen hat. In diesem Relief spiegelt sich die gesamte Dramatik der Ereignisse an der römischen Ostgrenze während des 3. Jahrhunderts. Die *res gestae divi Saporis*, die Taten Schapurs, sind auf einer dreisprachigen Inschrift (parthisch, mittelpersisch, griechisch) in Naqš-e Rostam festgehalten. Auf dieser Inschrift werden Truppen aus Germanien (das zweimal erwähnt wird), Raetien, *Noricum*, Dakien, Pannonien, Moesien, Istrien, Spanien, Afrika, Thrakien, Bithynien, Asien, Pamphylien, Isaurien, Lykaonien, Galatien, Lykien, Kilikien, Kappadokien, Phrygien, Syrien, Phoenikien, Iudaea, Arabien, Mauretanien, Rhodos, Osrhoene und Mesopotamien – insgesamt 70 000 Mann – aufgeführt, welche die Streitmacht Valerians bildeten. Bereits aus dieser Inschrift wird klar, dass die Auseinandersetzungen mit den Sassaniden große Truppenkontingente Roms an der Ostgrenze banden. Diese fehlten wiederum an Rhein und Donau. Das Resultat waren Usurpationen, besonders zur Zeit der Gefangennahme des Valerian, und die Bildung von Sonderreichen wie dem von *Palmyra*. Erst als unter Kaiser Diokletian (284–305 n. Chr.) die innere Stabilisierung des Imperiums gelang, konnte Rom auch wieder nachhaltige Erfolge im Osten erzielen, die ihren Ausdruck im Friedensvertrag von Nisibis 298 n. Chr. fanden. Während das Sassanidenreich mit dem Abschluss dieses Vertrags große Nachteile in Kauf nehmen musste, konnte das Römische Reich damit die Ostgrenze für etwa vierzig Jahre festigen.

Noch zur Zeit Gordians III. war es an der Donau zu größeren Einfällen von Jazygen, Goten und ihren Verbündeten, den Karpen – den sogenannten ‹freien Dakern› –, gekommen, nachdem bereits Maximinus Thrax in erste Auseinandersetzungen an der Donau verwickelt war. 238 n. Chr. nahm der sogenannte Gotensturm, auch der ‹skythische Krieg› genannt, seinen Anfang. Bei jenen Skythen, die in dieser Zeit in den Quellen erwähnt werden, handelte es sich tatsächlich um gotische Zuwanderer, die allmählich im Verhältnis zu den Karpen den Ton angaben und von den Griechen mit dem uralten, aus der Geschichtsschreibung seit Herodot bekannten Völkernamen ‹Skythen› belegt wurden. Sie unternahmen Einfälle in die Provinzen *Moesia inferior* – das sind die Gebiete südlich des Unterlaufs der Donau zum Schwarzen Meer hin – und *Dacia Malvensis*. Die *Dacia Malvensis* umfasste die Gebiete von der Süd- und Ostflanke der Karpaten bis zur Donau, insbesondere die kleine und große Walachei, also die Region nördlich der Provinz *Moesia inferior*. Die Einfälle erreichten 242 n. Chr. das südlich der *Moesia inferior* gelegene Thrakien. Soweit man aus den vielen Münzschätzen schließen darf, waren besonders die Küstenstädte im Osten der Provinz *Moesia inferior* betroffen. Sie verloren als Folge der zahlreichen Angriffe und Plünderungen ihre Funktion im Rahmen der Verteidigung der Provinz. Vom Nachfolger Gordians III., Philippus Arabs (244–249 n. Chr.), sind zwei Triumphe in Dakien über die Karpen aus den Jahren 246 und am Neujahrstag 248 n. Chr. bekannt. Anschließend beorderte er den Magistraten Decius an die untere Donau, der dort den Oberbefehl über

Pannonien und Moesien übernahm. Nach seinen militärischen Erfolgen gegen die Goten wurde Decius, wie Zosimos (I,22) berichtet, gegen seinen Willen von den Truppen zum Kaiser erhoben. Er marschierte mit der Donauarmee nach Italien, wo er bei Verona 249 n. Chr. das Heer des Philippus Arabs besiegte. In dieser Schlacht fand Philippus den Tod, der Weg in die Hauptstadt Rom und auf den Thron war damit frei für Decius (249–251 n. Chr.). Den Sohn des Philippus hatten die Praetorianer in vorauseilendem Gehorsam gegenüber dem neuen Herrn bereits erschlagen.

Nur ein Jahr später stieß der Gotenkönig Cniva mit einem riesigen Heer, das aus germanischen und sarmatischen Verbänden bestand, unter denen die Goten überwogen, über die Donau nach Dakien, Moesien und Thrakien vor. In der Gotengeschichte des Jordanes (90 f.) werden die an dieser Episode Beteiligten detailliert aufgeführt: Die Karpen fielen in Dakien ein, während Cniva gegen *Moesia inferior* zog. Eine weitere Gruppe war nach Thrakien vorgerückt und belagerte *Philippopolis* – das heutige Plovdiv in Bulgarien. Obwohl Cniva nahe der Mündung des *Iatrus* / Jantra (Nordbulgarien) eine empfindliche Niederlage gegen den Statthalter Gallus hinnehmen musste, zog er weiter auf *Philippopolis*, um die im Süden stehende Armee zu verstärken. Inzwischen hatte Decius in Dakien die Karpen besiegt und wandte sich gegen Cniva. So eilte er den Goten entgegen, um *Philippopolis* zu entsetzen. Auf dem Weg dorthin erlitt er allerdings 250 n. Chr. eine erste Niederlage und musste seine Armee in *Novae* / nahe Svišhtov und im nahen *Oescus* / Gigen (beide Orte in Nordbulgarien) reorganisieren. Dies gelang ihm bis zum Frühjahr des folgenden Jahres. *Philippopolis* aber ging verloren. Decius versuchte dann im Jahr 251 n. Chr. mit seinem Sohn Herennius Etruscus, den er gerade zum Augustus ernannt hatte, und dem damaligen Statthalter Moesiens Trebonianus Gallus, dem Goten Cniva und seinen mit Beute beladenen Truppen, den Rückmarsch von Thrakien in ihre nordöstlich gelegene Heimat zu verlegen. So kam es im Sommer 251 n. Chr. zur Schlacht von *Abritus* / Hisarlâk nahe Razgrad in der Dobrudscha, die in einer Katastrophe für Rom endete. Der Kaiser und sein Sohn fielen! Der nach der Schlacht zum Kaiser ausgerufene Trebo-

Theiß
Plattensee
PANNONIA
Donau
Karawanken
Poetovio
Emona
mun. Neviodunum
Drau
DACI
APULEN
Mursa
Siscia
Cibalae
Save
Sirmium
mun.
Vimin
mun. Flanona
Bassiana
mun. Alvona
Krk
Cres
Rab
mun.
Singidunum
mun.
Pag
mun. Nedinum
mun. Domavia
mun. Horreum Ma
Iader
mun. Burnum
mun. Bistua Nova
mun. Maluesa
mun. Scardona
Aequum
Salona
DALMATIA
Brač
mun. Bigeste
Hvar
Narona
Korčula
mun. Diluntum
Mare Superum
Mljet
mun. Rusinum
mun. U
Epidaurum
mun. Doclea
mun. Acruvium
mun. Butua
Skutari-See
mun. Sc
Scodra
mun. Olcinium
mun. Lissus
Ohrid-See
Dalmatia (Illyricum Superius) ab 9 n. Chr.
Provinz Pannonia Inferior
Moesia Superior und Moesia Inferior ab 86 n. Chr.
noch vor 200 n. Chr. von Thracia an Moesia Inferior abgetreten
Römische Provinz Thracia
Provinzgrenze
Verwaltungssitz
Stadt mit griechischer Polisverfassung
Siscia Römische Kolonien
0 50 100 150 km

mun. Porolissum
mun. Napoca
n. Potaissa
DACIA
ROLISSENSIS
mun. Apulum
npelum
Apulum
izegetusa
Ostkarpaten
Pruth
Dnjestr
Donaudelta
mun. Troesmis
Dobrudscha
Istros
Tomi
Südkarpaten
DACIA
MALVENSIS
Dierna
mun. Drobeta
mun. Romula/
Malva
Donau
Walachei
mun. Durostorum
Donau
Kallatis
Abritus
Dionysopolis
Pontus Euxinus
Ratiaria
Oescus
mun. Novae
Odessos
mun. Montana
Nikopolis
MOESIA INFERIOR
mun. Melta
Mesambria
Stara Planina
Kabyle
Apollonia
Develtus
Serdica
Augusta Traiana
Philippopolis
Pautalia
THRACIA
Hadrianopolis
Perinthos
Byzantion/
Konstantinopel
Apri
Propontis
Philippi
Abdera
Ainos
Neapolis
ACEDONIA
Thasos
Limnos
Mare Aegaeum
Lesbos

nianus Gallus (251–253 n. Chr.) konnte nur wenige Einheiten der römischen Armee retten. Rom musste Jahrgelder an Cniva bezahlen, mit denen man sich militärische Ruhe erkaufte. Die Geschichte dieser Schlacht ist in zahlreichen Schriftquellen überliefert (Lactantius, *De mortibus persecutorum* IV, Eutrop 9,4, Aurelius Victor 29,4–5, Ammianus Marcellinus 31,13, Zosimos I,23, Iordanes, *Getica* 18,101–103 usw.); aber Forscher konnten auch archäologische Zeugnisse diesem Ereignis eindeutig zuordnen: Cniva hatte das römische Heer in ein Sumpfgebiet gelockt, wo er seine Feinde einkesselte und niedermachte. Die Kartierung von archäologischen Altfunden führte zur Lokalisierung des Schlachtfeldes in der Gegend von *Abritus*. Zu den Funden, die zutage kamen, gehören neben Horten aus Gold- und Silbermünzen auch Waffen- und Ausrüstungsgegenstände. Bei den Waffen handelt es sich um mitunter vollständig erhaltene Klingen von Langschwertern und ebenso um Bolzen-, Lanzen- und Pfeilspitzen. Darüber hinaus hat man Schuhnägel von Soldaten, Wangenklappen von Helmen und durchschlagene Helmbügel entdeckt. Die Spitze eines Feldzeichens (*signum*) der *legio XIIII Gemina*, der Stammeinheit des Legionslagers in *Carnuntum* (Bad Deutsch-Altenburg, östlich von Wien) zeigt, dass auch diese Truppeneinheit an der Schlacht teilgenommen hat.

Die damals mit Cniva vereinbarten Zahlungen wollte 252 n. Chr. der Statthalter der *Moesia inferior* Aemilianus nicht mehr leisten. Er führte einen erfolgreichen Feldzug gegen die Goten und wurde daraufhin von seinen Truppen 253 n. Chr. zum Kaiser erhoben. Noch im Frühjahr desselben Jahres zog er nach Italien, wo sich die Truppen wegen der Übermacht der Donauarmeen auflösten und Trebonianus Gallus den Tod fand. Das Glück des Aemilianus war freilich nicht von Dauer, weil Licinius Valerianus mit Verbänden aus Raetien, *Noricum* und beiden Germanien bereits auf dem Weg nach Italien war. Aemilianus wurde ermordet, und Valerian (253–260 n. Chr.) zog im Sommer in Rom ein.

Der Preis des internen Machtkampfs war, dass die germanischen Grenzen am Rhein entblößt lagen. Das hatte katastrophale Auswirkungen im Norden zur Folge, während der Osten in den kommenden Jahren unter gotischen Angriffen zur See zu leiden hatte. Damit hatte sich das Bedrohungsszenario gewandelt. Nicht länger verbreiteten nur die Landheere des Feindes Angst und Schrecken, vielmehr litten fortan auch die Küstenregionen des Schwarzmeerraums unter den Angriffen, die von der See aus vorgetragen wurden. Das Jahr 268 n. Chr. sollte eine ganz neue Dimension dieser Gefahr offenbaren: Der gotischen Flotte gelang es damals, durch die Dardanellen in die Ägäis durchzubrechen, während gotische Verbände zu Lande bis nach Thrakien und Thessaloniki (Nordgriechenland) vorstießen. Gallienus, der seit 253 n. Chr. Mitregent und nach dem Tod Valerians 260 in sassanidischer Gefangenschaft bis 268 n. Chr. Alleinherrscher war, gelang es, diesen Vorstoß zurückzuschlagen. Er behielt in der Schlacht am Nestos – der von Bulgarien aus durch Nordgriechenland in die Ägäis fließt – die Oberhand. Die Truppengattung, die ihm entscheidende Vorteile sicherte, war seine Kavallerie. Doch trotz der gefährlichen Lage durch die herandrängenden Feinde musste Gallienus mitten im Krieg die Armeeführung seinen Generälen überlassen, da in Italien ein Aufstand gegen ihn ausgebrochen war. Bei Mailand wurde er selbst schließlich von verräterischen Offizieren ermordet.

Sein Nachfolger wurde Claudius II. Gothicus (268–270 n. Chr.), dem es gelang, den Krieg gegen die Goten erfolgreich zu beenden. Er besiegte sie 269 n. Chr. bei *Naissus* / Niš (Serbien). Als die Goten anschließend auf der Suche nach Proviant wieder ins Reichsinnere flohen, wurden sie von Claudius Gothicus in Thrakien am *Mons Gessax* gestellt. Die genaue Lokalisierung dieses Platzes ist schwierig – vielleicht lag er im Rhodopen-Gebirge. Es gelang ihm, den Feind dort einzuschließen und ihn vernichtend zu schlagen. Doch als im Frühjahr 270 n. Chr. Claudius II. Gothicus starb, kam es neuerlich zu Einfällen gotischer Verbände, die allerdings bald zurückgeworfen werden konnten.

Nun wurde zunächst Quintillus, der Bruder des Claudius II. Gothicus, neuer Kaiser. Doch seine Herrschaft währte nur wenige Wochen, weil die Donaulegionen Aurelian (270–275 n. Chr.) zum Kaiser erhoben. Alle Truppen liefen zu diesem charismatischen Heerführer über. Daraufhin zog es Quintillus vor, Selbstmord zu begehen. Kaiser Aurelian errang noch im selben Jahr einen Sieg über Sueben und Sarmaten, die in die ungarische Tiefebene eingefallen waren. Und während er auf dem Weg nach Palmyra war, um das dort entstandene Sonderreich zu unterwerfen, befriedete er 271 n. Chr. Illyricum und Thrakien. Nördlich der Donau konnte er die gotische Streitmacht auf ihrem eigenen Gebiet bezwingen. Der Historia Augusta zufolge (Aurelian 22,2) fiel im Zuge der Kämpfe der gotische König Cannabas oder Cannabaudes zusammen mit fünftausend Kriegern. Ammianus Marcellinus (31,5,16–17) schreibt zu diesem Ereignis, dass nach jenem Sieg für lange Jahre Ruhe einkehrte. Aurelian ordnete die Verhältnisse an der unteren Donau neu. Er gab Dakien auf, um die dort stationierten Truppen in die Gebiete südlich der Donau zurückzuziehen und die Verteidigung in dieser Region zu stärken. Zwar verblieb in Dakien eine romanische Restbevölkerung, aber Verwaltung und Militär waren damit aufgelöst, und nur noch ein kleiner Streifen nördlich der Donau unterstand weiterhin unmittelbar römischer Kontrolle.

ENTWICKLUNGEN UND KONFLIKTE ZWISCHEN DONAU UND ATLANTIK

Doch nicht nur die Gebiete an der unteren Donau waren Schauplatz von Auseinandersetzungen mit Barbaren, sondern auch weiter westlich beschäftigten germanische Verbände immer stärker das römische Heer. Die Kriege im Osten und an der Donau hatten in diesen Regionen immer wieder dazu geführt, dass Truppen abgezogen werden mussten. So wurden die Grenzen entblößt und die Sicherung der Provinzen geschwächt. Als Folge der verlustreichen Kämpfe im Orient kehrten viele Soldaten nicht mehr in ihre angestammten Lager zurück. Darüber hinaus rekrutierte Gallienus aus den Verbänden in den beiden Germanien und in Gallien Soldaten für ein neues mobiles Reiterheer. Damit provozierte er barbarische Raubzüge auf römisches Territorium. Insbesondere nach dem Abzug von Truppen durch Valerian (253–260 n. Chr.)

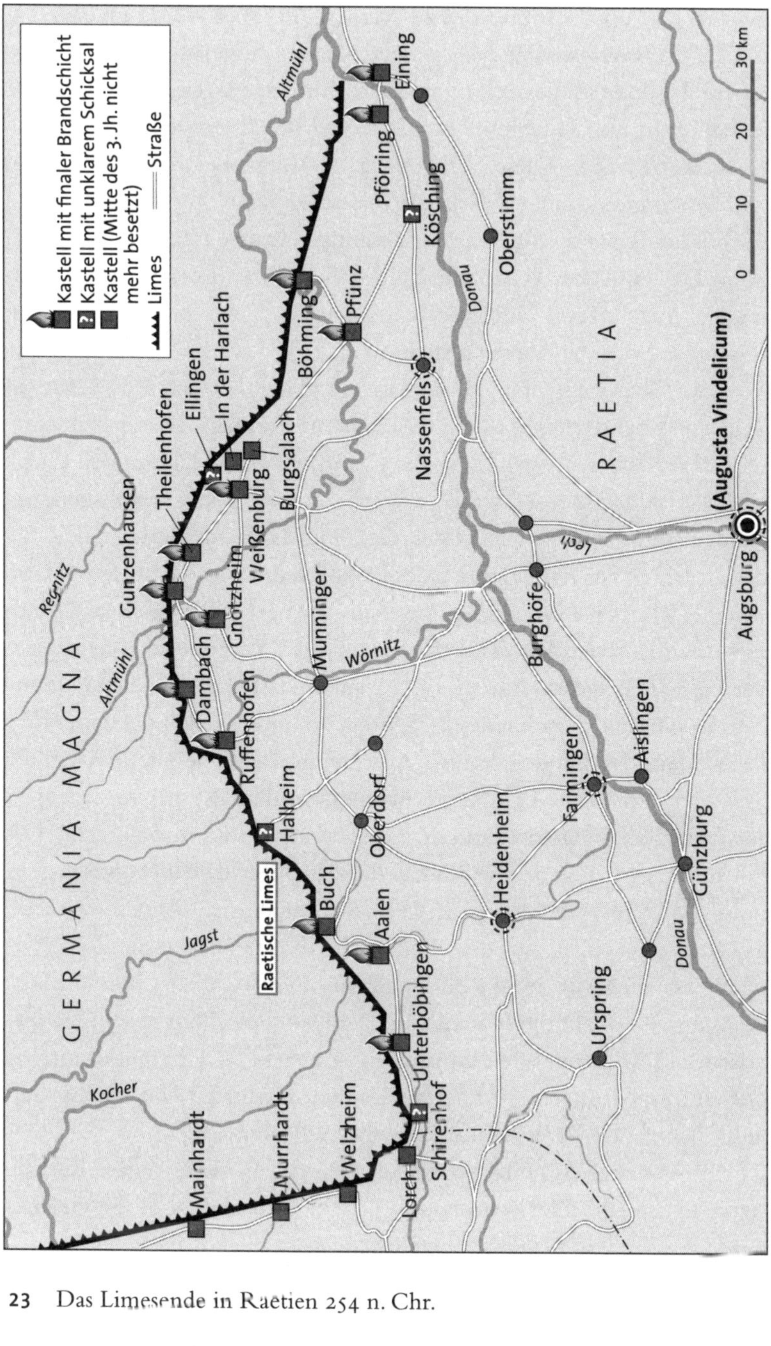

23 Das Limesende in Raetien 254 n. Chr.

begann die Situation brenzlig zu werden. Valerian wurde im Jahr 253 n. Chr. in Raetien oder *Noricum* zum Kaiser ausgerufen. Er hatte zunächst Truppen in diesen Provinzen zusammengezogen, um Aemilianus in Italien zu Hilfe zu eilen. Doch, wie wir bereits erfahren haben, kam er zu spät (S. 140). Diese Verbände hatte Valerian durch Soldaten aus den Rheinprovinzen verstärkt. Während er dann 253 n. Chr. in den Ostteil des Reiches zog, um die Sassaniden abzuwehren, wurde seinem Sohn Gallienus die Regentschaft über den Westteil des Reiches übertragen. Auch dessen Verbände bestanden vor allem aus Truppen vom Rhein und von der oberen Donau.

Am Oberrhein drangen damals Germanen in das Reich ein, in denen wir heute rückblickend Alamannen erkennen. Dieser Name erscheint jedoch erst gegen Ende des 3. Jahrhunderts n. Chr. in den Quellen. Damals mussten selbst die großen Städte neu oder erstmals befestigt werden, um der heraufziehenden Gefahren Herr zu werden. Im Zuge dessen erhielt der zivile Bereich des Legionsstandortes Mainz 253 n. Chr. eine Stadtmauer. Dort schlug Aurelian, der nachmalige Kaiser, der um diese Zeit Befehlshaber der sechsten gallischen Legion war – wenn man der Historia Augusta (Aurelian 7,1) glauben darf –, marodierende Franken. Es war kein ganz kleiner Sieg, denn immerhin fielen siebenhundert Feinde, und dreihundert konnte Aurelian gefangen nehmen und in die Sklaverei verkaufen. In Obergermanien wurden 255 n. Chr. Truppen aus Britannien eingesetzt, um die Grenzverteidigung zu verstärken. Das führt uns vor Augen, wie prekär die Situation damals gewesen sein muss. Gallienus, der Mitregent Valerians, befand sich damals, zwischen 254 und 256 n. Chr., auf dem Balkan. Er musste aber in der Zeit zwischen 257 und 259/260 in höchsteigener Person an den Rhein kommen, um vor allem die Franken zu bändigen. So schlug er sein Hauptquartier in Köln auf. Die Franken waren 256/257 n. Chr. auf römisches Gebiet vorgedrungen, plünderten Gallien, zerstörten 260 n. Chr. *Tarraco* / Tarragona (Spanien) und setzten nach Nordafrika über. Der Geschichtsschreiber Aurelius Victor (33,1–3) charakterisiert diese Epoche so: «Um dieselbe Zeit zog Licinius Gallienus, nachdem er die Germanen tatkräftig von Gallien ferngehalten hatte, eilends nach Illyrien hi-

Nordsee
Irland
Atlantischer Ozean
Rhein
Barbaricum
Köln
Trier
Seine
Loire
Donau
Bodensee
Gallisches Sonderreich
Römisches Reich
Ebro
Tejo
Rom
Sardinien
Balearen
Mittelmeer
0 100 200 300 km
Sizilien

nab. Dort brachte er Ingebus, dem Befehlshaber Pannoniens, den, als er von der Niederlage Valerians vernommen hatte, der Ehrgeiz zu herrschen gepackt hatte, bei Mursia eine schwere Schlappe bei und bald darauf auch dem Regalianus, der nach Übernahme der von der Katastrophe bei Mursia verschonten Soldaten den Krieg erneuert hatte.» Im Weiteren deutet Aurelius Victor die Probleme des Herrschers mit dem palmyrenischen Sonderreich und mit den Goteneinfällen an. Der Kaiser soll derart sorglos agiert haben, «... dass die Streitmacht der Alamannen damals in gleicher Weise Italien und die Stämme der Franken, nachdem sie Gallien verheert hatte, Spanien in Besitz nahmen, Tarraco verwüsteten und nahezu ausplünderten, ja, dass ein Teil von ihnen, der sich beizeiten der Schiffe bemächtigt hatte, bis nach Afrika vordrang». (Aurelius Victor, *Liber de Caesaribus* 32,3).

Die Plünderungen, die Gallien damals erlebte, werden insbesondere durch die Vielzahl an Münzhorten aus den fünfziger Jahren des 3. Jahrhunderts n. Chr. deutlich. Aber nicht nur die Grenzen am Rhein wurden überrannt. Der Abzug von Truppen durch Valerian 253 n. Chr. hatte auch verheerende Auswirkungen auf die Provinz Raetien. Dort brach die Grenzverteidigung komplett zusammen. Besonders ein Dendro-Datum – d. h. ein durch die Auswertung der Jahresringe von Bäumen gewonnenes Datum – aus dem Frühjahr 254 n. Chr. aus Rainau-Buch belegt, dass es wohl erst nach 253 zu massiven Zerstörungen am raetischen Limes gekommen ist. Dies bestätigt auch der numismatische Befund.

Der Archäologe Marcus Reuter hat überzeugend dargelegt, dass das Ende der raetischen Limeskastelle sehr abrupt kam. Er konnte dabei vor allem auf die vielen Bronzehorte verweisen, die entlang des raetischen Limesgebiets gefunden wurden, die in diese Zeit gehören. Dort haben Menschen ihr Vermögen – darunter viele Bronzemünzen, die wichtige Hinweise auf die Chronologie der Ereignisse bieten – in der Hoffnung vergraben, es später wieder heben zu können, wenn das römische Militär die Angreifer zurückgeworfen haben würde. Die Tatsache, dass die Horte im Boden blieben, zeigt, dass es dazu nicht mehr gekommen ist. Mit Blick auf das Datum aus Rainau-Buch ergibt sich, dass im Frühjahr

254 alle Kastelle des jenseits der Donau gelegenen raetischen Limesgebietes mit Ausnahme von Schirenhof nahe Schwäbisch Gmünd ganz im Westen zerstört waren. Einen etwas anderen Verlauf nahm die Geschichte der Kastelle am obergermanischen Limes.

Ein Monument, das die Auswirkungen des Falls der raetischen Limeskastelle zeigt, ist der erst 1992 am «Gänsbühl» in Augsburg entdeckte Victoria-Altar. Der Archäologe Lothar Bakker hat die Inschrift auf dem Altar untersucht und ausgewertet. Darin wird von einer Schlacht gegen die Semnonen oder Juthungen am 24. und 25. April 260 n. Chr. berichtet. Diese Germanen werden im 4. Jahrhundert als Teilstamm der Alamannen erwähnt. Den Sieg gegen die Barbaren errangen bewaffnete Milizen und reguläre römische Truppen. Aus der Inschrift geht hervor, dass die Barbaren von einem Raubzug nach Italien über den Brenner- oder Reschenpass zurückkehrten. Vor Augsburg wurden sie geschlagen; sie verloren dabei ihre Beute, und viele tausend gefangene Italiker konnten befreit werden. Die Feinde müssen bereits 259 durch Raetien nach Oberitalien gezogen sein und dort geplündert haben.

Der Sieg über die Germanen war kein Einzelereignis. Der byzantinische Geschichtsschreiber Zonaras (12,25.5) weiß von einer Schlacht im Umfeld von *Mediolanum* / Mailand, die um 260 stattgefunden hat. Dort soll Gallienus mit zehntausend Mann angeblich dreihunderttausend «Alamannen» besiegt haben – auch wenn die Zahl der Feinde offensichtlich stark übertrieben ist, so ist das Ereignis selbst durchaus nicht unwahrscheinlich.

Der Augsburger Altar wurde am 11. September durch den raetischen Statthalter Marcus Simplicinius Genialis sowie sein siegreiches Heer geweiht und aufgestellt. In der Inschrift werden der Kaiser Augustus Postumus und Honoratianus als Konsuln genannt. Postumus begründete im selben Jahr in Köln das sogenannte Gallische Sonderreich, das die nordwestlichen Reichsprovinzen umfasste: Gallienus hatte seinen Sohn Saloninus nominell und den loyalen Silvanus zum Schutz Galliens in Köln eingesetzt, als er in den Osten aufbrach. Postumus – vielleicht der obergermanische Statthalter, auf jeden Fall ein Heerführer – wurde von sei-

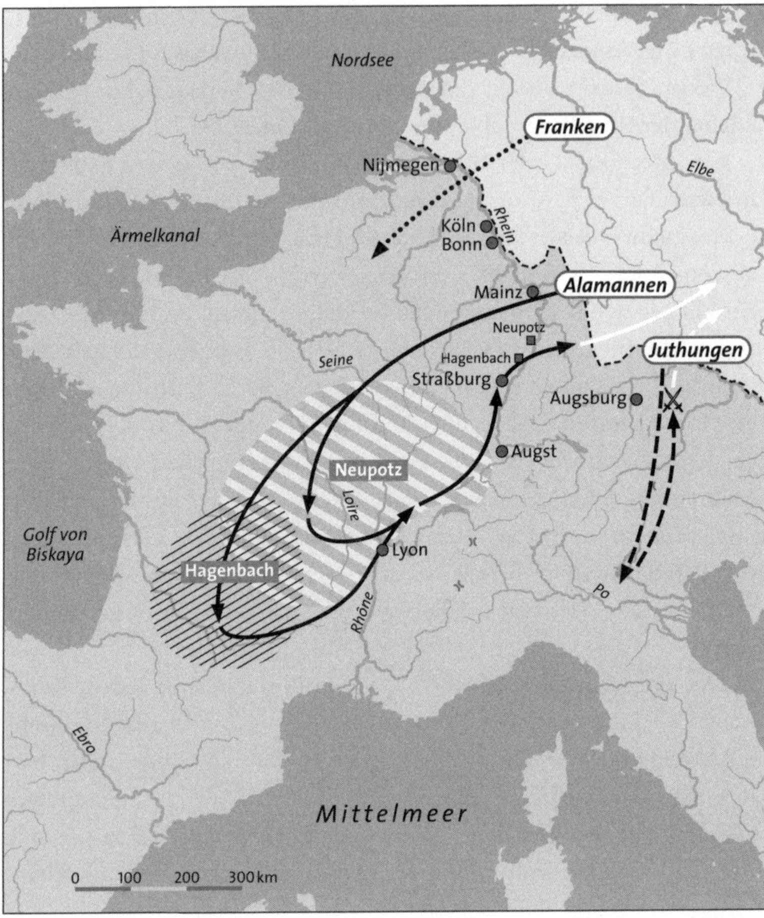

25 Ursprungsgebiete der Hortfunde von Hagenbach und Neupotz mit Stoßrichtungen einfallender germanischer Verbände

nen Soldaten zum Kaiser ausgerufen. Er marschierte daraufhin nach Köln, um die Stadt zu belagern. Als sie kapitulierte, ergaben sich Saloninus sowie Silvanus dem Postumus. Beide wurden erschlagen. Das war die Geburtsstunde des Gallischen Sonderreichs, das Gallien, beide Germanien, Britannien und die Iberische Halbinsel umfasste. Es sollte im

Kern bis 274 n. Chr. bestehen bleiben und bildete einen wichtigen Faktor, um die Franken unter Kontrolle zu halten. Postumus wandte sich jedoch nicht gegen Italien, um sich zum Herrscher über das gesamte Reich aufzuwerfen, sondern beschränkte sich auf Gallien und konzentrierte sich auf die Verteidigung der Grenzen. Zwischen 261 und 268 nannte sich Postumus «*Restitutor Galliarum*», Wiederhersteller Galliens.

Er sicherte die Haupttrassen nach Gallien hinein; zu diesem Zweck wurden wohl schon sogenannte Burgi (turmartige Kleinkastelle) errichtet. Raetien war, wie wir vom Victoria-Altar wissen, zum Zeitpunkt seiner Weihung bereits Teil des Gallischen Sonderreichs. Es fiel wohl erst wieder 265 n. Chr. an Gallienus zurück. Zu diesem Zeitpunkt wurden dann die Namen des Marcus Simplicinius Genialis, des Postumus und des Honoratianus auf der Inschrift des Victoria-Altars getilgt. Gallienus zog 265 n. Chr. mit einem Heer über die Alpen, um die Herrschaft des Postumus in Gallien zu beenden. Die Kämpfe aber brachten keine Entscheidung, doch vor Lyon wurde Gallienus durch einen Pfeil verwundet – daraufhin brach er den Feldzug ab. Immerhin fiel im Zuge dieser Auseinandersetzungen Raetien wieder an Gallienus. Damit waren die Verbände an der Donau auf Seiten des Gallienus, die Truppen in Obergermanien und am Rhein hingegen unter dem Kommando des Postumus.

Entweder durch einen Germaneneinfall oder im Zuge der ersten Auseinandersetzungen bei der Inthronisation des Postumus wurde das Kastell Niederbieber nördlich von Koblenz im Neuwieder Becken zerstört. Die Archäologin Ursula Heimberg beschreibt den Befund dramatisch: «Unter den vielen menschlichen Skeletten, die im Lager ausgegraben wurden, war das eines Feldzeichenträgers besonders anrührend. Es lehnte an der Wand des Fahnenheiligtums, daneben lagen ein Helm, eine Statuette des Genius der Standartenträger und Teile des Feldzeichens selbst: das besonders geformte Blatt einer Lanze, die silberne Inschriftentafel seiner Einheit, der 7. Raeterkohorte – COH V (II Raetorum) – und eine silberne Reliefscheibe, auf der ein siegreicher Feldherr mit Lanze, Mantel, Schwert und Lanze zu sehen ist; er setzt den Fuß triumphierend auf einen vor ihm knienden bärtigen Barbaren

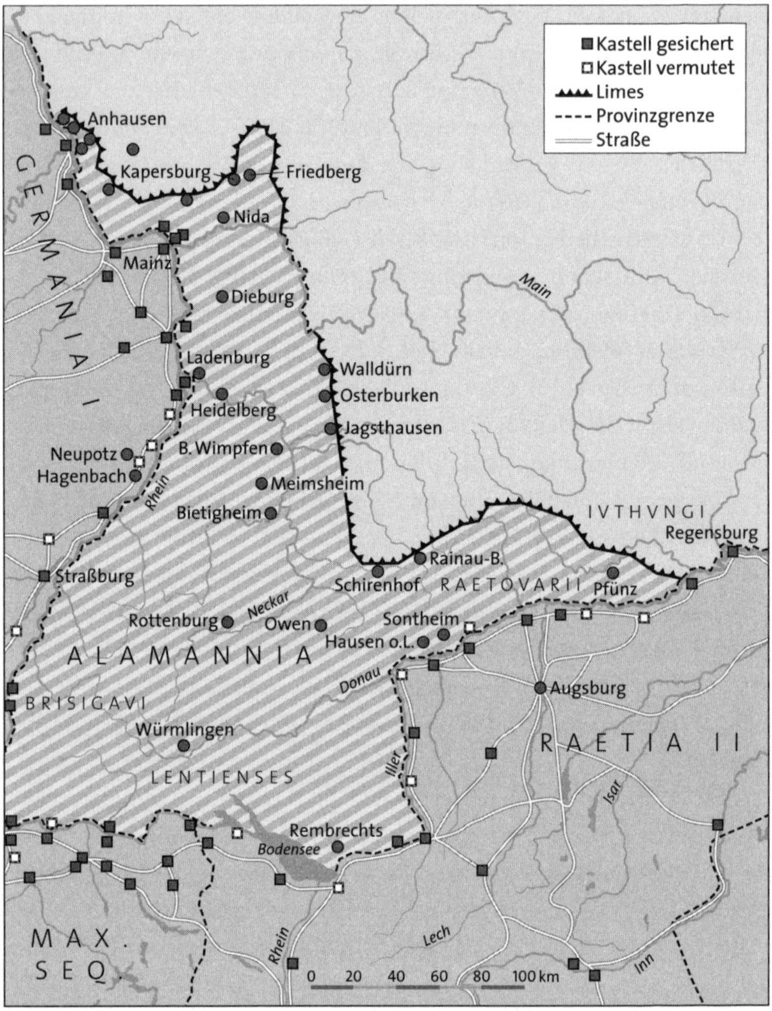

26 Auf dem Gebiet der alten römischen Provinz Obergermanien entsteht die *Alamannia*.

inmitten von erbeuteten Waffen und Signalinstrumenten.» (U. Heimberg, S. 48) Im konkreten Fall waren es dann aber die Barbaren, die den Römern den Fuß in den Nacken stellten …

Aus den Jahren 258 und 259 fand sich in Niederbieber vier Münzschätze; sie liefern wesentliche Argumente für die zeitliche Einordnung der Zerstörungen. In Krefeld-Gellep konnten aus dieser Zeit Massengräber von Männern, Frauen und Kindern nachgewiesen werden, die in einem Mithrasheiligtum Zuflucht gesucht hatten. Die Barschaft einer erschlagenen Frau enthielt vier Antoniniane – zeitgenössische Münzen –, deren jüngste 258/259 geprägt wurde. Die Leichen der Erschlagenen bedeckte man mit Kalk, um den Ausbruch von Seuchen zu verhindern. Auf einen ‹Alamannen›-Einfall um 260 scheint der berühmte Hortfund von Neupotz zurückzugehen. Es ist der prominenteste römische Metallfund auf germanischem Boden. Dieser Hort wurde in den Jahren 1967 bis 1997 in einer Kiesbaggerstelle mit einem Schwimmgreifbagger im Altrhein bei Neupotz gehoben und umfasst 1062 Objekte. Metallgeschirr bildet den umfangreichsten Teil des Fundes, aber auch einige wenige Münzen, Waffen, eisernes Werkzeug und anderes Gerät gehören dazu. Die Münzreihe veranlasst den Numismatiker Joachim Gorecki, den Hort in die Zeit um 260 n. Chr. zu datieren.

Vielleicht hat man sich die Geschichte, wie der Hort in den Rhein gelangt sein könnte, ungefähr so vorzustellen: Ein Teil der germanischen Plünderer hatte versucht, die schwerbeladenen Beutewagen auf Fähren über den Rhein zu bringen. Dabei gerieten sie auf dem Rückweg in ihre Heimat mitsamt ihrer Beute unter den Beschuss römischer Militärboote. Schließlich versank die ganze Pracht im Rhein. Dass sich die Geschichte ungefähr so abgespielt haben könnte, dafür sprechen weitere Horte, die auf dem Rheinabschnitt zwischen Karlsruhe und Worms entdeckt worden sind. Besonders erwähnenswert ist darunter der Hort von Hagenbach. Er weist im Vergleich zu Neupotz bemerkenswerte Objekte auf – insbesondere Votivgaben und Silberbleche. Münzen sind jedoch nicht darunter. Das erschwert eine zeitliche Einordnung, die daher nur analog zu dem Hort von Neupotz erfolgen kann. Die Zusammensetzung des Hortes von Neupotz zeigt, dass die Barbaren ihre Beute vor allem im Zentrum Galliens gemacht hatten. Soweit sich das aus dem Hort von Hagenbach erschließen lässt, könnten die Plünderer sogar bis Aquitanien, das heißt bis an den westlichen Nordrand der Pyrenäen vorgedrungen sein. Sollte das zutreffen, so hatten die Plünderer immerhin einen Marsch von Sachsen bis nach Aquitanien, also in einer Richtung rund zweitausendfünfhundert Kilometer Wegstrecke hinter sich gebracht, worauf die Archäologen Bernhard und Petrovsky hingewiesen haben.

Trotz dieser zahlreichen Befunde lassen sich nicht alle Zerstörungshorizonte mit Germaneneinfällen erklären. Es ist nicht auszuschließen, dass auch innerrömische Auseinandersetzungen neben den Germaneneinfällen zum Untergang vieler Kastelle beigetragen haben. So könnte die Zerstörung des Kastells von Niederbieber mit solchen innerrömischen Kämpfen im Zusammenhang mit dem Gallischen Sonderreich in Verbindung zu bringen sein. Wir können heute einfach nicht sicher sagen, mit welchen konkreten Ereignissen einzelne Zerstörungshorizonte aus römischen Siedlungen zu erklären sind. Das dürfte erst möglich werden, wenn detaillierte Analysen der Funde an entsprechend ergiebigen archäologischen Plätzen vorgenommen werden.

Im Hinblick auf den ober- und niedergermanischen Limes wird inzwischen diskutiert, ob das Ende vieler Kastelle deutlich später als 259/260 n. Chr. gekommen sein könnte. Besonders gravierend ist in diesem Zusammenhang die mutige These, dass auch die Zerstörung von Niederbieber möglicherweise nicht vor 290 erfolgt ist. Sollte das zutreffen, hätte das erhebliche Auswirkungen für unsere Datierung der Zerstörung vieler anderer Anlagen. Denn es sind gerade die Referenzbefunde von Niederbieber, mit deren Hilfe der Untergang anderer Kastelle und Siedlungen in den Zeithorizont um 260 n. Chr. datiert werden. Dies betrifft vor allem die ober- und niedergermanische Grenze. Man muss sich vor der Versuchung hüten, das archäologische Fundmaterial allzu sehr zu strapazieren, um historische Fragen lösen zu wollen.

Jedenfalls gibt es in Obergermanien Hinweise darauf, dass eine schrumpfende Bevölkerung versucht hat, die Infrastruktur aufrechtzuerhalten. Lagertore wurden beispielsweise in den Kastellen von Osterburken, Jagsthausen und Öhringen zugemauert. Anderswo wurden Lagerareale reduziert oder auch die Räume in Bädern – wie etwa in Walldürn oder im raetischen Rainau-Buch – verkleinert. Mitunter

27 Aurelianische Stadtmauer, Porta San Paolo. Die Reste der aurelianischen Mauer in Rom zeugen von der Mächtigkeit der Verteidigungsanlage.

scheint sich die Bevölkerung der vorgelagerten Limesgebiete in sicherere Räume zurückgezogen zu haben. So entstand ein nachgerade herrschaftsfreier Raum, in dem Germanen gelegentlich in alten römischen Orten zu siedeln begannen oder dort auch angesiedelt wurden.

Im Dekumatland – dem Vorfeld des Imperiums zwischen Limes, Rhein und Donau – entstand allmählich die *Alamannia*, die Anfang des 4. Jahrhunderts n. Chr. auch im archäologischen Fundmaterial hervortritt. Der Name des Volkes *Alamanni* wurde als Sammelbezeichnung für alle Germanen genutzt, mit denen man in dieser Großregion zu tun hatte. In die Anfangszeit dieser Ethnogenese (Volkwerdung) fällt das Ende des Gallischen Sonderreichs. Postumus fand 269 den Tod, als er bei der Unterwerfung des Usurpators Laelianus seinen Soldaten die Plünderung von *Mogontiacum* / Mainz, dem Zentrum der Revolte, verwehrte. Sein Nachfolger Marius erlitt noch im selben Jahr das gleiche Schicksal. Ihm folgte Victorinus, der sich bis zu seinem – ebenfalls gewaltsamen – Tod 270 halten konnte. Damals schrumpfte das Sonderreich, da Claudius II. Gothicus ganz Iberien und Britannien wieder ins Römische Reich zurückholen konnte. Der letzte gallische Sonderkaiser Tetricus (270–274) übergab sein Territorium schließlich Aurelian (270–275). Es wurde ohne Schwertstreich wieder ins Römische Reich eingegliedert. Dem Provinzialrömischen Archäologen Marcus Reuter zufolge wurden spätestens mit dem Ende des Gallischen Sonderreichs die letzten Limeskastelle in Obergermanien aufgegeben. Rom versuchte in der Folgezeit, germanische Verbündete, sogenannte *foederati*, im Dekumatland anzusiedeln, die an strategisch wichtigen Punkten Kontrollfunktionen für Rom übernahmen. So spielten die Germanen auch weiterhin eine wichtige Rolle in der römischen Außenpolitik!

Doch auch die neu aufflammenden Unruhen an der mittleren Donau können nicht isoliert von den Einfällen der Juthungen in Raetien betrachtet werden, die bis nach Italien führten. Die Historia Augusta (Aurelianus 18,2–3) weiß über Aurelian (270–275) zu berichten: «Zur selben Zeit führte Aurelian heftige Kämpfe gegen Sueben und Sarmaten und errang einen glänzenden Sieg. Allerdings erlitten (die Römer) unter Aurelian infolge eines Versehens eine Niederlage durch die Markomannen. Denn während er nicht darauf bedacht war, ihnen bei einer plötzlichen Invasion von der Front her entgegenzutreten, sondern sie im Rücken verfolgen wollte, wurde das ganze Gebiet (Mailand) schwer verwüstet. Doch später sind auch die Markomannen besiegt worden.» (Übersetzung nach Klaus-Peter Johne). Mit den Markomannen wurden damals Stammesverbände in unmittelbarer Nachbarschaft der Juthungen aktiv. Der griechische Historiograph Dexippos (Fragment 6,4) berichtet zudem von einem Juthungeneinfall, der vermutlich 270/271 gleichzeitig mit der Attacke der Markomannen erfolgte. Das römische Heer unter Aurelian erlitt eine schwere Niederlage bei *Placentia* (Piacenza, Italien) wo es in einen Hinterhalt geriet. Später gelang es dann Aurelian, die gegnerischen Verbände bei Pavia zu stellen und zu schlagen. Doch war es diese Bedrohung, die dann Aurelian veranlasste, den Bau der nach ihm benannten Stadtmauer Roms in Angriff zu nehmen. Sie wurde zwar erst unter seinem Nachfolger fertiggestellt, zeigt aber, dass die dramatischen Entwicklungen Rom selbst in Gefahr brachten.

Nach dem Tod Aurelians und dem Ende des Gallischen Sonderreichs kam es 274/276 neuerlich zu Einfällen fränkischer Verbände am Rhein. Sie drangen bis weit nach Gallien vor. Selbst Trier, die römische Metropole im Nordwesten des Reiches, wurde von den Franken 275 eingenommen, und 276 setzten gemischte Verbände – Franken und Ostgermanen, d. h. Vandalen, Lugier und Burgunden – bei Xanten über den Rhein. Vor allem auf dem Gebiet der heutigen Niederlande lassen sich viele Zerstörungen aus diesem Ereignishorizont nachweisen. Auch das Kastell von *Gelduba* / Krefeld-Gellep scheint damals noch einmal zerstört worden zu sein. Kaiser Probus (276–282) gelang es, die Verhältnisse 278/280 noch einmal im Sinne des Imperiums zu sichern. Darüber heißt es in der Historia Augusta (Probus 13,5–8): «Dann zog er mit einem großen Heer in die gallischen Provinzen, die nach dem Tode des Postumus sämtlich in Verwirrung geraten und nach der Ermordung Aurelians von Germanen besetzt worden waren. Dort kämpfte er in großen Schlachten mit solchem Glück, daß er sechzig angesehene Städte Galliens aus der Gewalt der Barbaren zurückgewann und dazu die gesamte Beute, die die Barbaren nicht nur bereichert, sondern auch mit Stolz erfüllt hatte. Und als sie schon auf unserer (Rhein-)Seite, ja sogar unbesorgt durch alle Provinzen Galliens umherstreiften, vernichtete er beinahe 400 000 von denen, die römischen Boden in Besitz genommen hatten, und verjagte den Rest über Neckar und Elbe. … Gegenüber den Römerstädten ließ er im Barbarenland Militärlager anlegen und dort Truppen stationieren.» Der Historia Augusta zufolge nahm Probus neun barbarische Fürsten als Geiseln, um die Ruhe wieder herzustellen. Sechzehntausend fränkische Krieger wurden in die römische Armee eingegliedert, weiteren fränkischen Gruppen wurde auf römischem Boden Siedlungsland zur Verfügung gestellt.

AUSBLICK UND RESÜMEE

Das Harzhorn, Schauplatz der wiederentdeckten Römerschlacht im Landkreis Northeim in Niedersachsen, bietet eine gute Basis, von der aus man die römisch-germanischen Beziehungen im 2. und 3. Jahrhundert n. Chr. in den Blick nehmen kann. Was uns am Harzhorn archäologisch als stumme Zeugen des Feldzugs Kaiser Maximinus Thrax' begegnet, verweist auf die Zeit vor und während der Markomannenkriege. Betrachtet man die Geschehnisse im Zusammenhang, so liegen die Ursprünge des Harzhornereignisses im 2. Jahrhundert: Die Grenzpolitik des Kaisers Antoninus Pius – Verstärkung und Ausbau der Grenzen, Zurückweisung von Ansiedlungswünschen barbarischer Verbände auf römischem Boden – erwies sich schon bald als Fehler. Die Migration großer barbarischer Gruppen, die nicht zuletzt auf römisches Reichsgebiet drängten, weil sich die Existenzbedingungen im Osten Germaniens verändert hatten, konnte so einfach nicht gestoppt werden. Während der Herrschaft Marc Aurels durchbrachen riesige germanische Verbände, die sich vor den Toren des Imperiums an der oberen und mittleren Donau gesammelt hatten, die Grenzen und rückten auf Italien vor.

Im Spiegel der römischen Reichspropaganda erscheint dies als unerhörter Vorgang. Konnte sich doch keiner der Zeitgenossen daran erinnern, dass in seiner Lebensspanne jemals Feinde auf römischem Boden gestanden hatten. So etwas kannte man nur aus alter Überlieferung. Kaiser Marc Aurel versuchte, das Übel an der Wurzel zu packen. Er zog mit seinen Truppen nach Böhmen und Mähren. Von diesem militärischen Unternehmen zeugen die Überreste einer großen Zahl von Marschlagern. Ziel der Aktion war es, aus dem Gebiet der Feinde neue Provinzen aufzubauen: *Marcomannia* und *Sarmatia*. Doch der frühe Tod des

Augustus Marc Aurel, innere Unruhen, aber auch eine reichsweit wütende Seuche und der Krieg mit den Parthern an der Ostgrenze verhinderten, dass dieses Projekt erfolgreich zu Ende geführt werden konnte. Immerhin war die Situation an den Grenzen, als der Sohn Marc Aurels, Commodus, an die Macht kam, beruhigt. Die Probleme aber waren nicht gelöst. Große germanische Heeresverbände, die weit ins Römische Reich vordrangen, hatten es dauerhaft auf die Agenda der römischen Herrscher geschafft. Vielleicht wäre man der Schwierigkeiten Herr geworden, wäre Rom nicht an einer zweiten Front gebunden gewesen. Doch stand im Osten des Imperiums mit den Parthern ein mächtiger Feind den Römern gegenüber, den im Jahre 224 ein nicht minder gefährlicher Gegner – die Sassaniden – ablöste, der gleichfalls über ein riesiges Reich gebot. Es war neben Rom die zweite Supermacht der Antike.

So erlebte im Norden das römische Raetien in der Regierungszeit Kaiser Caracallas wiederholt Einfälle germanischer Verbände. Die Chance, sich als Germanenbezwinger zu gerieren, lockte den Herrscher zum Vorstoß ins Main-Tauber-Gebiet, und tatsächlich kehrte er siegreich zurück. Jahrzehnte später, im Jahr 233, litt vor allem Obergermanien unter verheerenden Germaneneinfällen. Das rief den neuen Herrscher Maximinus Thrax auf den Plan. Wieder waren, wie schon während der Markomannenkriege, große Verbände von Elbgermanen über die römischen Grenzen vorgedrungen. Ein wichtiges Indiz dafür, dass die Veränderungen im Barbaricum von Rom nicht mehr zu kontrollieren waren! Doch Maximinus Thrax erwies sich als tatkräftiger Herrscher. Ihm gelang es mit seinem Feldzug, in dessen Rahmen auch das Harzhorn-Ereignis fällt, immerhin für zwei Jahrzehnte die Situation zu beruhigen. Er hat den Problemen erfolgreich die Stirn geboten und zugleich die Infrastruktur in Germanien wiederhergestellt.

Doch nach seinem Tod verlor Rom die Kontrolle über die Lage im Osten. Etwa seit 240 n. Chr. brachte das expandierende neupersische Reich der Sassaniden unter ihrem Herrscher Schapur I. Rom furchtbare Niederlagen bei. Die Bedrohung band große römische Truppenverbände. Es erscheint geradezu als Symbol der Krise, dass im Jahr 260 der Kaiser selbst, Valerian, dem Feind in die Hände fiel.

Vielleicht hätte ein fähiger Militär wie Maximinus Thrax eine Lösung gewusst. Ihn aber hatte man bereits mehr als zwanzig Jahre zuvor erst politisch ausmanövriert und dann ermordet (238 n. Chr.). Mit seiner Herrschaft brach die dunkle Epoche der sogenannten Soldatenkaiser an, die einander oft innerhalb nur weniger Monate an der Reichsspitze folgten. Es war eine Zeit der Konflikte im Osten, der Kriege an Donau und Rhein – und eine Zeit unausgesetzter Usurpationen. Auch war es die Zeit, in der in Palmyra und Köln zwei Sonderreiche gegründet wurden. Es mag schmerzlich gewesen sein, dass diese Territorien aus dem Reichsverband ausscherten, aber zweifellos gelang es ihren tatkräftigen Herrschern Odaenathus (263–269 König von Palmyra) und Postumus, Gefahren vor Ort abzuwehren und die Lage zeitweilig zu stabilisieren.

Es scheint absurd, dass das Römische Reich, das alle Ressourcen benötigt hätte, um den außenpolitischen Herausforderungen zu begegnen, erleben musste, wie immer neue Herrscher und Usurpatoren einander zerfleischten. Welche Konsequenzen die Zweckentfremdung von Truppenkontingenten haben konnte, erscheint besonders sinnfällig im Jahr 253 n. Chr. Damals zogen Kampfeinheiten unter Valerian aus Raetien und *Noricum* nach Italien, wo der Feldherr zunächst Kaiser Trebonianus Gallus vor einem Usurpator retten wollte. Doch als er eintraf, war der Herrscher bereits ermordet worden, so dass Valerian selbst zum Kaiser ausgerufen wurde. Doch dieser Karriereschritt wurde mit dem Ende des raetischen Limes bezahlt!

Der obergermanische Abschnitt ging schrittweise in der Zeit des Gallischen Sonderreichs (260–274) verloren. Danach entstand auf ehemals römischen Reichsgebiet – vielleicht sogar mit Billigung Roms – die *Alamannia*. Am Niederrhein erschien damals ein neuer Gegner: die Franken, die mal zusammen mit den Vandalen, mal mit Burgunden agierten. An der mittleren und unteren Donau waren es die Goten, die im 3. Jahrhundert kaum im Zaum gehalten werden konnten. Dies waren die Stämme, die die Geschicke der kommenden Jahrhunderte und die politischen Strukturen in Spätantike und Frühmittelalter prägen sollten. Das Gebot der Stunde lautete, sie entweder abzuwehren oder sie durch Ansiedlung ins Römische Reich zu integrieren. Als zweihundert Jahre später das weströmische Reich der Spätantike diese Integrationskraft verlor, hatte ihre Stunde geschlagen: Sie übernahmen die Herrschaft über die weströmischen Gebiete.

Kaiser Aurelian gelang es, die Verhältnisse im 3. Jahrhundert nochmals für einige Zeit zu stabilisieren. Probus setzte sein Werk fort, doch auch er fand 282 n. Chr. sein Ende im Zuge einer der zahllosen Usurpationen. Carus (282–283 n. Chr.), der nochmals einen erfolgreichen Sarmatenkrieg in Pannonien führte, und sein Sohn Carinus (283–285 n. Chr.), der im Anschluss an die Sarmatenkriege des Vaters die Quaden besiegte, bestiegen nach der Ermordung des Probus den Thron.

Doch war es Diokletian, der die drängendsten Probleme der römischen Herrschaft während des 3. Jahrhunderts zutreffend analysierte und eine wirkmächtige Antwort zu geben verstand. Das Kaisertum musste stabilisiert und in allen Reichsteilen an allen Brandherden handlungsfähig gemacht werden, ohne Usurpationen zu begünstigen. Damit war die Idee der Tetrarchie, der Vierherrschaft geboren. Diokletian (284–305) setzte sie 293 in die Praxis um: Zwei *Augusti*, das heißt zwei Kaiser, mit dem einflussreicheren Seniorpartner Diokletian im Osten und Maximian im Westen sowie zwei untergeordnete *Caesares* – Constantius Chlorus im Westen und Galerius im Osten – residierten in vier unterschiedlichen Zentren des Reiches, um den allfälligen Problemen rasch vor Ort begegnen zu können. Auch wenn sich die Idee gegenüber dem dynastischen Prinzip nicht als nachhaltig erwiesen hat, weil bereits Konstantin (306–337), der Sohn des Constantius Chlorus, diese gute Ordnung als Usurpator stürzte, so lässt doch allein schon der Lösungsansatz noch einmal die zentralen Probleme des 3. Jahrhunderts erkennen: innerrömische Instabilität der Herrschaft und externe militärische Dauerbelastung der Grenzen.

DAS HARZHORNEREIGNIS IM KONTEXT DER REICHSENTWICKLUNG

In diesem Zusammenhang der Überlastung des römischen Grenzregiments steht auch das Harzhornereignis. Die Entdeckung des vergessenen Schlachtfelds vom Harzhorn im Jahr 2008 war eine Sensation mit erheblichen Auswirkung auf die Geschichtsschreibung der römischen Kaiserzeit. Antike Quellen mussten neu interpretiert werden. Bis zu diesem Zeitpunkt hatten moderne Historiker gern davon gesprochen, dass ihre antiken Zunftgenossen, wenn sie von Feldzügen bis an die Elbe berichteten, wohl noch jenes Konzept eines römischen Reiches vor Augen hatten, wie es Drusus in den Jahren 12 bis 9 v. Chr. verfolgt habe – ein Konzept des Imperium Romanum, das bis zur Elbe reichte, wozu eine germanische Provinz zwischen Rhein und Elbe gehörte. Die Meilenangaben, die Herodian bzw. die Historia Augusta im Hinblick auf den Feldzug des Maximinus Thrax boten, betrachtete man folglich als übertrieben. Man konnte sich einfach nicht vorstellen, dass eine römische Armee selbst noch im 3. Jahrhundert n. Chr. so tief hinein nach Germanien vorgestoßen sein sollte.

Umso größer war die Überraschung, die das Schlachtfeld am Harzhorn bot. Was dort zum Vorschein kam, belegte nicht weniger als den Feldzug einer großen römischen Armee durch Thüringen bis an die Elbe, nördlich am Harz vorbei und wieder zurück zum Standort Mainz. Schaut man zum Vergleich auf die Marschlager, die während der Markomannenkriege in Böhmen und Mähren angelegt worden sind, so treten interessante Parallelen mit den dortigen Aktivitäten zu Zeiten Marc Aurels zutage. Auch er hatte tief im Barbaricum operiert und wollte in dieser Region sogar Provinzen anlegen. Besiegte achtzig Jahre später Claudius II. Gothicus die Goten auf provinzialrömischem Boden bei Naissus, so gelang dies Aurelian noch auf deren eigenem, also auf barbarischem Territorium. Dass es auch in der Zwischenzeit noch weitere Feldzüge dieser Art gegeben hat, kann aus Indizien, wie beispielsweise der Inschrift aus Bonn–Beuel aus dem Jahr 231 n. Chr. erschlossen werden.

In diesen Kontext der römischen Fernoperationen gehört auch der Harzhornfeldzug. Er belegt überzeugend, dass lange nach den Ereignissen der augusteischen Expansion und den damit einhergehenden schweren Niederlagen in Germanien und auch nach den Kriegen gegen die Chatten in Hessen immer noch römische Verbände weit hinter den Reichsgrenzen tief im Barbaricum operierten, wenn sich die Notwendigkeit stellte. Überliefert sind freilich meist nur solche Feldzüge, an denen Mitglieder des Kaiserhauses beteiligt waren oder von denen wir dank inschriftlicher Zeugnisse Kenntnis erlangt haben. Was sich sonst auf diesem Feld abgespielt haben mag, wissen wir nicht. Aber wir dürfen getrost mit noch weit mehr Operationen auf germanischem Gebiet rechnen als bisher belegt.

Dass solche weitgreifenden militärischen Unternehmungen stattfanden, belegt aber darüber hinaus, dass offenbar immer noch die infrastrukturellen, logistischen und militärischen Voraussetzungen gegeben waren, die diese Aktionen erforderten. Als die innen- und außenpolitische Situation des Imperiums im Laufe des 3. Jahrhunderts instabil wurde, schwanden diese Voraussetzungen. Die Schwäche der Grenztruppen führte in Verbindung mit den Veränderungen im Barbaricum zu verheerenden Einfällen germanischer Verbände ins Römische Reich. So könnte der sogenannte Fürst von Gommern, der 1990 in seinem Grab mit reichen Grabbeigaben römischer Herkunft entdeckt wurde, vielleicht noch die Plünderungen der Barbaren in Gallien, aber auch den Untergang der Beute im Rhein bei Hagenbach oder Neupotz miterlebt haben.

Von der Idee, germanische Barbaren auf ihrem eigenen Gebiet anzugreifen, hatten sich die Römer jedoch auch mit dem Ende des 3. Jahrhunderts noch nicht verabschiedet. Noch über Kaiser Konstantin I. den Großen hören wir in einem Loblied aus dem Jahr 313 n. Chr.: «Denn du hast dich nicht – erschöpft von deinen Schlachten und gesättigt von deinen Siegen –, wie die Natur es mit sich bringt, der Muße und der Ruhe hingegeben, sondern bist mit demselben Elan, mit dem du in deine gallischen Länder zurückgekehrt warst, zur Grenzregion des unteren Germanien weitergezogen. Du hast, natürlich mit ausgesprochen großer zeitlicher Unterbrechung und kurzer räumlicher Distanz, nach deinem einjährigen Feldzug sogleich einen Krieg begonnen, um das Reich vom Tiber zum Rhein, oder vielmehr (wie das Omen und die Namensähnlichkeit, so verspricht das auch deine hohe Gesinnung, Imperator) vom tuskischen Albula bis zum germanischen Alba weiter vorrücken zu lassen.» (Panegyricus Latinus XII/IX, 21,5) Lockte hier den Dichter nur die Möglichkeit, ein Wortspiel mit *Albula* und *Alba* zu treiben – den lateinischen Namen für Tiber und Elbe – oder wusste er nicht vielmehr doch von einem konkreten historischen Ereignis, das er dieser Sentenz zugrunde legte? Immerhin belegt die Errichtung einer Brücke über den Rhein bei Köln und des rechtsrheinischen Brückenkopfes und Truppenlagers *Divitia* (Köln-Deutz) zu Beginn der Herrschaft Konstantins des Großen, dass seinerzeit eine Infrastruktur geschaffen wurde, mit deren Hilfe man immer noch den Rhein überschreiten und ins Barbaricum vordringen konnte. Was damals tatsächlich geschah und ob man von den Möglichkeiten wirklich Gebrauch machte – darüber können wir nur spekulieren. Die Entdeckung des Schlachtfelds am Harzhorn ermutigt jedenfalls, nicht voreilig den Gedanken an eine aktive Germanienpolitik auch noch in der Spätphase des Reiches beiseite zu schieben. Warten wir also gespannt auf weitere archäologische Überraschungen wie die am Harzhorn!

ANHANG

DANK

Dagmar von Reitzenstein (Niedersächsisches Ministerium für Wissenschaft und Kultur) vermittelte zu Beginn des Harzhorn-Projektes, d. h. 2008, den Kontakt zu Dr. Michael Geschwinde (Stützpunkt Braunschweig des Niedersächsischen Landesamtes für Denkmalpflege) und Dr. Petra Lönne (Kreisarchäologie Northeim). Ich sollte die damals frisch gemeldeten Stücke begutachten. Zusammen mit Prof. Dr. Michael Meyer (Institut für Prähistorische Archäologie der Freien Universität Berlin), Dr. Felix Bittmann (Niedersächsisches Institut für Historische Küstenforschung, Wilhelmshaven) und Dr. Frank Berger (Historisches Museum der Stadt Frankfurt) entstand damals das sogenannte «Harzhorn-Team». Unterstützt wurde dieses Team von Dr. Henning Haßmann, dem niedersächsischen Landesarchäologen. Höhepunkt der Arbeiten war bisher die Präsentation unserer Ergebnisse im Braunschweiger Landesmuseum im Rahmen einer Landesausstellung 2013. Als Vertreter der provinzialrömischen Archäologie in diesem Team verdanke ich viel der Diskussion mit meiner Kollegin und mit meinen Kollegen. Die Darstellung des Harzhorn-Feldzugs basiert auf der Arbeit unseres Teams.

Ein Buch über Feldzüge macht ohne illustrierendes Kartenmaterial, das zur Verdeutlichung von Geographie und Topographie dient, wenig Sinn. Ich danke Dr. Michael Geschwinde sehr dafür, dass er mir einige aktuelle Abbildungen aus dem Harzhorn-Projekt zur Verfügung gestellt hat. Prof. Dr. Sebastian Sommer (Bayerisches Landesamt für Denkmalpflege) hat mir seine Karte zum Obergermanisch-Raetischen Limes im 3. Jahrhundert überlassen, Dr. Bernd Steidl diejenige zu den Zerstörungshorizonten im Jahr 233 n. Chr. in der Wetterau und den angrenzenden obergermanischen Limesgebieten. Dr. Marcus Reuter (Rheinisches Landesmuseum Trier) verdanke ich die Karte zum Ende des raetischen

Limes. Für die Rekonstruktionszeichnung zum Harzhorn-Gefecht sorgte Siebo Heinken (National Geographic Deutschland). Auch stellte er das Harzhorn-Modell mit Eintragung des Schlachtverlaufs zur Verfügung. Ihnen allen sei aufs Herzlichste gedankt! Für die restlichen Abbildungen sorgte der Verlag C.H.Beck, der auch einige Vorlagen umzeichnen ließ. Dem Graphiker Peter Palm danke ich an dieser Stelle für seine bewährte Arbeit.

Die Zeit in Osnabrück brachte mir nicht nur die Mitarbeit am Harzhorn-Projekt, sondern auch den Kontakt mit dem Verlag C.H.Beck. Dr. Stefan von der Lahr trat an mich heran und unterbreitete mir den Vorschlag, über den Harzhorn-Feldzug ein Buch zu schreiben. Mir war klar, dass dieses Unterfangen nur möglich ist, wenn der Rahmen wesentlich weiter, so wie hier geschehen, gesteckt würde. Durch die Diskussionen mit Dr. Ragnar Hund, der bei mir seine kürzlich erschienene Dissertation über die Antoninen erstellte, war ich tief in die Diskussion um die Markomannenkriege involviert. So entwickelte sich der zeitliche Rahmen zum Text, der mit dem Niedergang des Obergermanisch-Raetischen Limes enden sollte. Dr. Stefan von der Lahr hatte ich schon im Rahmen der Entstehung des kleinen Bandes zur Varusschlacht kennengelernt. Mit ihm stand mir ein erfahrener Lektor zur Seite, der mir immer wieder half, den Text verständlicher zu gestalten. Ohne ihn wäre es vielleicht schwieriger geworden, das Buch für ein breites Publikum verständlich zu formulieren. Für seine Anregungen und seine Kritik bin ich zu großem Dank verpflichtet.

Das vorliegende Buch entstand an den Wochenenden und in der Urlaubszeit. Die Toleranz meiner Familie trug erheblich dazu bei, dass ich es mit dem mir selbst auferlegten Druck in einem annehmbaren Zeitraum schreiben konnte. Dafür danke ich besonders Heike und Maria.

Günther Moosbauer — Passau, im April 2018

LITERATUR

KAPITEL 1: VORGESCHICHTE

Dunkle Wolken

Appian von Alexandria, Römische Geschichte erster Teil. Die römische Reichsbildung. Übersetzt von Otto Veh. Durchgesehen, eingeleitet von Kai Brodersen. Bibliothek der griechischen Literatur 23 (Stuttgart 1987).

Historia Augusta, Antoninus Pius 5,4 nach Klaus-Peter Johne. In: Joachim Herrmann (Hrsg.), Griechische und lateinische Quellen zur Frühgeschichte Mitteleuropas bis zur Mitte des 1. Jahrtausends u. Z. 4. Teil (Berlin 1992).

Helmut Bender, Befunde und Funde der römischen Zeit aus Passau. Passauer Universitätsschriften zur Archäologie 13 (Rahden/Westfalen 2008).

Paul Bidwell u. Nick Hodgson, The Roman Army in Northern England (Newcastle upon Tyne 2009).

David Breeze, Roman Scotland (London 2000).

Veronika Fischer, Das Straubinger Ostkastell IIIb und sein Vorfeld. In: P. Henrich (Hrsg.), Der Limes in Raetien, Ober- und Niedergermanien vom 1. bis 4. Jahrhundert. Beiträge zum Welterbe Limes 8 (Darmstadt 2014) 91–97.

Robert Gindele, Die Entwicklung der kaiserzeitlichen Siedlungen im Barbaricum im nordwestlichen Gebiet Rumäniens (Satu Mare 2010).

Brian R. Hartley, The Roman Occupations of Scotland: The Evidence of Samian Ware. Britannia 3, 1972, 1–55.

Ragnar Hund, Studien zur Außenpolitik der Kaiser Antoninus Pius und Marc Aurel im Schatten der Markomannenkriege. Pharos, Studien zur griechisch-römischen Antike 40 (Rahden/Westfalen 2017).

Suzana Matešić u. Sebastian C. Sommer (Hrsg.), Am Rande des Römischen Reiches. Ausflüge zum Limes in Süddeutschland. Beiträge zum Welterbe Limes, Sonderband 3 (München 2015).

Günther Moosbauer, Beobachtungen zur provinzialrömischen Archäologie im Landkreis Deggendorf. In: Ludwig Husty u. Karl Schmotz (Hrsg.), Vorträge des 33. Niederbayerischen Archäologentages (Rahden/Westfalen 2015) 171–184.

Sebastian Sommer, Trajan, Hadrian, Antoninus Pius, Marc Aurel …? – Zur Datierung der Anlagen des Raetischen Limes. Berichte der Bayerischen Bodendenkmalpflege 52, 2011, 137–180.

Bernd Steidl, Welterbe Limes. Roms Grenze am Main. Ausstellungskataloge der Archäologischen Staatssammlung 36 (München 2008).

Die Markomannenkriege: Kaiser Marc Aurel

Ammianus Marcellinus, Römische Geschichte. Lateinisch und Deutsch und mit einem Kommentar versehen von Wolfgang Seyfahrt. Vierter Teil, Buch 26–31. Schriften und Quellen der Alten Welt, Band 21,4 (Berlin 1978).

Cassius Dio, Römische Geschichte Band V. Epitome der Bücher 61–80. Übersetzt von Otto Veh (Düsseldorf 2007).

Herodian, History of the Empire Books 1–4 with an English translation by C. R. Whittaker. Loeb Classical Library 454 (London 1970).

Historia Augusta, Marcus Aurelius Antoninus. Übersetzungen zitiert nach Klaus-Peter Johne. In: Joachim Herrmann (Hrsg.), Griechische und lateinische Quellen zur Frühgeschichte Mitteleuropas bis zur Mitte des 1. Jahrtausends u. Z. 4. Teil (Berlin 1992).

The Scriptores Historiae Augustae I. with an English Translation by David Magie (London / New York 1922).

Iordanis, Romana et Getica. Herausgegeben von Theodor Mommsen. Monumenta Germaniae Historica. Auctorum Antiquissimorum Tomi V Pars Prior (Neuauflage, Berlin 1961 nach 1882).

Volker Bierbrauer, Archäologie und Geschichte der Goten vom 1.–7. Jahrhundert. Versuch einer Bilanz. Frühmittelalterliche Studien 28, 1994, 51–171.

Susanne Börner, Marc Aurel im Spiegel seiner Münzen und Medaillons. Eine vergleichende Analyse der stadtrömischen Prägungen zwischen 138 und 180 n. Chr. (Bonn 2012).

Filippo Coarelli, La Colonna di Marco Aurelio. The Column of Marcus Aurelius (Roma 2008).

Stephan Faust, Schlachtenbilder der römischen Kaiserzeit. Erzählerische Darstellungskonzepte in der Reliefkunst von Traian bis Septimius Severus. Tübinger Archäologische Forschungen 8 (Rahden/Westfalen 2012).

Thomas Fischer, Archaeological Evidence of the Marcomannic Wars of Marcus Aurelius (AD 166–80). In: Marcel von Ackeren (Hrsg.), A Companion to Marcus Aurelius (Chichester 2012) 29–44.

Dénes Gabler, Über die Aussagekraft der Terra Sigillata-Funde bezüglich der

Zerstörungen in den Provinzen. In: Herwig Friesinger, Jaroslav Tejral u. Alois Stuppner (Hrsg.), Markomannenkriege – Ursachen und Wirkungen (Brno 1994) 355–369.
Verena Gassner, Sonja Jilek u. Sabine Ladstätter, Am Rande des Reiches. Die Römer in Österreich. Österreichische Geschichte 15 v. Chr. – 378 n. Chr. (Wien 2002) bes. 153–239.
Robert Göbl, Rex Quadis Datus. Ein Kapitel von der Interpretation numismatischer Zeugnisse und ihren Grundlagen. Rheinisches Museum für Philologie 104, 1961, 70–80.
Stefan Groh u. Helga Sedlmayer, Expeditiones Barbaricae. Forschungen zu den römischen Feldlagern von Engelhartstetten, Kollnbrunn und Ruhhof, Niederösterreich. Archäologische Forschungen in Niederösterreich, Neue Folge 2 (Krems 2015).
Nicolo Gudea u. Thomas Lobüscher, Dacia. Eine römische Provinz zwischen Karpaten und Schwarzem Meer (Mainz 2006).
Jörg Heiligmann, Der «Alb-Limes». Ein Beitrag zur römischen Besetzungsgeschichte Südwestdeutschlands. Forschungen und Berichte zur Vor- und Frühgeschichte in Baden-Württemberg 35 (Stuttgart 1990).
Christoph Hinker, Ein Brandhorizont aus der Zeit der Markomannenkriege im südostnorischen Municipium Flavia Solva. Zentraleuropäische Archäologie 4 (Wien 2014).
Ragnar Hund, Studien zur Außenpolitik der Kaiser Antoninus Pius und Marc Aurel im Schatten der Markomannenkriege. Pharos: Studien zur griechisch-römischen Antike Bd. 40 (Rahden/Westfalen 2017).
Peter Kehne, Rom in Not. Zur Geschichte der Markomannenkriege. In: VARUSSCHLACHT im Osnabrücker Land GmbH (Hrsg.), 2000 Jahre Varusschlacht. Konflikt (Stuttgart 2009) 98–108.
Peter Kehne, Zur althistorischen Erforschung der Markomannenkriege. Eine Annäherung mit aktualisierter Chronik der Jahre 166 bis 180 n. Chr. Slovenská Archeológia 64/2, 2016, 193–260.
Balász Komoróczy, Marcomannia. Ein Militärschlag gegen die Markomannen und Quaden – ein archäologischer Survey. In: VARUSSCHLACHT im Osnabrücker Land GmbH (Hrsg.), 2000 Jahre Varusschlacht. Konflikt (Stuttgart 2009) 114–125.
Peter Kovács, Marcus Aurelius' Rain Miracle and the Marcomannic Wars (Leiden 2009).
Rüdiger Krause, Neue Untersuchungen zum römischen Kohortenkastell. In: Murrhardt, Rems-Murr-Kreis. Fundberichte aus Baden-Württemberg 9, 1984, 289–358.

Michael Kulikowski, Die Goten vor Rom (Stuttgart 2009).
Barnabás Lőrinz, Klára Szabó u. Zsolt Visy, Neue Forschungen im Auxiliarkastell von Intercisa. In: Studien zu den Militärgrenzen Roms III. 13. Internationaler Limeskongreß, Aalen 1983 (Stuttgart 1986) 362–376.
Michael Meyer, Romanisierung? Überlegungen zum römischen Einfluss auf die kaiserzeitliche Germania Magna. In: Alexander Rubel (Hrsg.), Imperium und Romanisierung. Neue Forschungsansätze aus Ost und West zu Ausübung, Transformation und Akzeptanz von Herrschaft im Römischen Reich (Konstanz 2013) 57–72.
Bernhard Overbeck, Rom und die Germanen. Das Zeugnis der Münzen (Stuttgart 1985).
Alexandru Popa, Bemerkungen zur Archäologie und Geschichte der Kostoboken und ihres Feldzuges auf der Balkanhalbinsel. In: Proceedings of the 10th International Congress of Thracology. Komotini-Alexandroupolis 18. – 23. Oktober 2005 (Athen 2007) 474–486.
Ján Rajtár, Das Holz-Erde-Lager aus der Zeit der Markomannenkriege in Iža. In: Probleme der relativen und absoluten Chronologie ab Latènezeit bis zum Frühmittelalter (Krakau 1992) 149–170.
Ján Rajtár, Die Waagtrasse in der Slowakei. Eine Vormarschroute der Römer während der Markomannenkriege? In: Johann-Sebastian Kühlborn u. a., Rom auf dem Weg nach Germanien: Geostrategie, Vormarschtrassen und Logistik. Internationales Kolloquium in Delbrück-Anreppen vom 4. bis 6. November 2004. Bodenaltertümer Westfalens 45 (Mainz 2008) 169–185.
Sebastian Sommer, Trajan, Hadrian, Antoninus Pius, Marc Aurel …? – Zur Datierung der Anlagen des Raetischen Limes. Berichte der Bayerischen Bodendenkmalpflege 52, 2011, 137–180.
Marjeta Šašel Kos, The Problem of the Border between Italy, Noricum, and Pannonia. Tyche 2014, 153–164 mit Taf. 10–11.
Alois Stuppner, Stand der archäologischen Forschungen zu den römischen Vormarschtrassen und Befestigungsbauten in Österreich. In: Johann-Sebastian Kühlborn u. a., Rom auf dem Weg nach Germanien: Geostrategie, Vormarschtrassen und Logistik. Internationales Kolloquium in Delbrück-Anreppen vom 4. bis 6. November 2004. Bodenaltertümer Westfalens 45 (Mainz 2008) 49–67.
Wolfgang Szaivert, Die Münzprägung der Kaiser Marcus Aurelius, Lucius Verus und Commodus (161/192). Moneta Imperii Romani 18 (Wien 1989).
Jaroslav Tejral, Zum Stand der archäologischen Forschung über den römischen militärischen Eingriff in Gebieten nördlich der Donau. Přehled Výzkumů 39, 1995–1996, 81–164.

Jaroslav Tejral, Die Marchstraße – Stand der archäologischen Forschungen. In: Johann-Sebastian Kühlborn u. a., Rom auf dem Weg nach Germanien: Geostrategie, Vormarschtrassen und Logistik. Internationales Kolloquium in Delbrück-Anreppen vom 4. bis 6. November 2004. Bodenaltertümer Westfalens 45 (Mainz 2008) 69–101.

Andrea Vaday, Limes Sarmatiae. In: Zsolt Visy, The Roman Army in Pannonia. An Archaeological Guide of the Ripa Pannonica (Budapest 2003) 204–212.

Hans-Ulrich Voss, Parum – Putensen – Pavia? In: Jan Bemmann u. Michael Schmauder (Hrsg.), Kulturwandel in Mitteleuropa. Langobarden – Awaren – Slawen. Akten der Internationalen Tagung in Bonn vom 25. bis 28. Februar 2008. Kolloquien zur Vor- und Frühgeschichte 11 (Bonn 2008) 51–78, bes. 58–62.

Weitere Feldzüge

Tacitus, Annalen. Übersetzung nach Klaus-Peter Johne. In: Joachim Herrmann (Hrsg.), Griechische und lateinische Quellen zur Frühgeschichte Mitteleuropas bis zur Mitte des 1. Jahrtausends u. Z. 3. Teil (Berlin 1991).

Armin Becker, Adventus Chattorum. Zum Feldzug des P. Pomponius Secundus 49/50 n. Chr. Marburger Beiträge zur antiken Handels-, Wirtschafts- und Sozialgeschichte 27, 2009, 1–10.

Armin Becker, Rom und die Chatten. Quellen und Forschungen zur hessischen Geschichte 88 (Darmstadt / Marburg 1992).

Karlheinz Dietz, Zum Ende der Markomannenkriege: die expeditio Germanica tertia. In: Herwig Friesinger, Jaroslav Tejral u. Alois Stuppner (Hrsg.), Markomannenkriege – Ursachen und Wirkungen (Brno 1994) 7–15.

Werner Eck, Krise oder Nichtkrise – das ist hier die Frage. Köln und sein Territorium in der 2. Hälfte des 3. Jahrhunderts. In: Olivier Hekster, Gerda de Kleijn, Daniëlle Slootjes (Hrsg.), Crisis and the Roman Empire. Proceedings of the Seventh Workshop of the International Network Impact of Empire, Nijmegen, June 20–24, 2006 (Leiden / Boston 2007) 23–43.

Michael Gechter, Das römische Bonn. Ein historischer Überblick. In: Manfred von Rey (Hrsg.), Bonn von der Vorgeschichte bis zum Ende der Römerzeit (Bonn 2001) 35–133.

Ragnar Hund, Studien zur Außenpolitik der Kaiser Antoninus Pius und Marc Aurel im Schatten der Markomannenkriege. Pharos: Studien zur griechisch-römischen Antike 40 (Rahden/Westfalen 2017).

Günther Moosbauer, Die Varusschlacht (München 2009).

Karl Strobel, Kaiser Traian. Eine Epoche der Weltgeschichte (Regensburg 2010) 57–150.

Aurelius Victor 21,2. Übersetzung nach Roland Gründel u. Hansulrich Labuske. In: Joachim Herrmann (Hrsg.), Griechische und lateinische Quellen zur Frühgeschichte Mitteleuropas bis zur Mitte des 1. Jahrtausends u. Z. 3. Teil (Berlin 1991).

Cassius Dio 55,10a. Cassius Dio, Römische Geschichte IV. Epitome der Bücher 51–60. Übersetzt von Otto Veh (Düsseldorf 2007) 210–212.

Cassius Dio 78 bis 79,10. Cassius Dio, Römische Geschichte V. Epitome der Bücher 61–80. Übersetzt von Otto Veh (Düsseldorf 2007) 382–424.

CIL (Corpus Inscriptionum Latinarum) VI 2086 (Akten der Arvalbrüder in Rom).

Herodian 4,7. Herodian. History of the Empire Books 5–8 with an English translation by C. R. Whittaker. Loeb Classical Library 455 (London 1970).

Historia Augusta, Caracalla 5,4. Historia Augusta, Volume II: Caracalla. Geta. Opellius Macrinus. Diadumenianus. Elagabalus. Severus Alexander. The Two Maximini. The Three Gordians. Maximus and Balbinus with an English translation by David Magie. Loeb Classical Library 140 (London 1924).

Archäologisches Landesmuseum Baden-Württemberg (Hrsg.), Caracalla. Kaiser, Tyrann, Feldherr. Zaberns Bildbände zur Archäologie (Darmstadt / Mainz 2013).

Armin Becker, Rom und die Chatten. Quellen und Forschungen zur hessischen Geschichte 88 (Darmstadt / Marburg 1992) 322–330.

Stephan Bender, Der Feldzug gegen die Germanen 213 n. Chr. In: Archäologisches Landesmuseum Baden-Württemberg (Hrsg.), Caracalla. Kaiser, Tyrann, Feldherr. Zaberns Bildbände zur Archäologie (Darmstadt / Mainz 2013) 104–131.

Karl-Heinz Dietz, Zum Feldzug Caracallas gegen die Germanen. In: Studien zu den Militärgrenzen Roms III. 13. Internationaler Limeskongreß, Aalen 1983. Forschungen und Berichte zur Vor- und Frühgeschichte in Baden-Württemberg 20 (Stuttgart 1986) 135–138.

Thomas Fischer, Ein römischer Denarfund aus dem Vicus des Kastells Dambach, Gde. Ehingen, Lkr. Ansbach (Mittelfranken). Jahrbuch für Numismatik und Geldgeschichte 35, 1985, 49–57.

Zsolt Mráv und Katalin Ottományi, De(i) fu(n)c(tus) exp(editione) Germ(anica) Lauri(aco) mort(e) sua. Sarkophag eines während der Alamannischen Expedition Caracallas verstorbenen Soldaten aus Budaörs. Acta Archaeologica Academiae Scientiarum Hungaricae 56/1–3, 2005, 177–212.

Dieter Planck, Das Limestor bei Dalkingen. Gemeinde Rainau, Ostalbkreis.

Forschungen und Berichte zur Denkmalpflege in Baden-Württemberg 129 (Darmstadt 2014).

C. Sebastian Sommer, Trajan, Hadrian, Antoninus Pius, Marc Aurel ...? – Zur Datierung der Anlagen des Raetischen Limes. Berichte der Bayerischen Bodendenkmalpflege 52, 2011, 137–180.

Bernd Steidl, Caracallas Gegner am Main. In: Archäologisches Landesmuseum Baden-Württemberg (Hrsg.), Caracalla. Kaiser, Tyrann, Feldherr. Zaberns Bildbände zur Archäologie (Darmstadt / Mainz 2013) 88–103.

Gerhard Weber, Zur Verehrung des Apollo Grannus in Faimingen, zu Phoebiana und Caracalla. In: Johannes Eingartner, Pia Eschbaumer und Gerhard Weber, Der römische Tempelbezirk in Faimingen-Phoebiana. Limesforschungen 24 (Mainz 1993).

KAPITEL 2: DIE SUPERMACHT IM OSTEN UND EIN FEIGER KAISER IM WESTEN

Cassius Dio 80, 3–4. Cassius Dio, Römische Geschichte V. Epitome der Bücher 61–80. Übersetzt von Otto Veh (Düsseldorf 2007) 477–479.

Herodian 6, 2–6. Herodian. History of the Empire Books 5–8 with an English translation by C. R. Whittaker. Loeb Classical Library 455 (London 1970).

Historia Augusta, Sev. Alex. 55–56. Historia Augusta, Volume II: Caracalla. Geta. Opellius Macrinus. Diadumenianus. Elagabalus. Severus Alexander. The Two Maximini. The Three Gordians. Maximus and Balbinus with an English translation by David Magie. Loeb Classical Library 140 (London 1924).

Muhammad Ibn-Ǧarīr al-Tabarī, Geschichte der Perser und Araber zur Zeit der Sasaniden: aus der Arabischen Chronik. Übersetzt und mit ausführlichen Erläuterungen und Ergänzungen versehen von Theodor Nöldeke (Leyden 1879).

Henry Cohen, Monnaies frappées sous L'Empire Romain 4 (London 1884) 445 Nr. 446.

Michael H. Dodgeon u. Samuel N. C. Lieu (Hrsg.), The Roman eastern frontier and the Persian wars AD 226–363. A documentary history (London 2001).

Uwe Ellebrock u. Sylvia Winkelmann, Die Parther. Die vergessene Großmacht (Darmstadt ²2015) 24f., 62–79.

Kaveh Farrokh, The Armies of Ancient Persia: The Sassanians (Barnsley 2017) 56–140.

Richard N. Frye, The History of Ancient Iran. Handbuch der Altertumswissenschaften Abt. III, Teil 7 (München 1983) 291–296.

Stefan R. Hauser u. David J. Tucker, The Final Onslaught. The Sasanian Siege of Hatra. Zeitschrift für Orient-Archäologie 2, 2009, 106–139.

Simon James, Evidence from Dura Europos for the Origines of Late Roman Helmets. Syria 63 fasc. 1–2, 1986, 107–134.

Dieter Kienast, Römische Kaisertabelle. Grundzüge einer römischen Kaiserchronologie (Darmstadt 32004) 177–182.

Heinz Luschey, Ardašīr I ii. Rock reliefs. Encyclopaedia Iranica 1986 Vol. II Fasc. 4, 377–380, available online, at http://www.iranicaonline.org/articles/ardasir-ii (access online on 08 August 2011).

Karin Mosig-Walburg, Römer und Perser vom 3. Jahrhundert bis zum Jahr 363 n. Chr. (Gutenberg 2009).

Josef Wiesehöfer, Ardašīr I i. History. Encyclopaedia Iranica 1986 Vol. II Fasc. 4, 371–376, available online, at http://www.iranicaonline.org/articles/ardasir-i (access online on 08 August 2011).

Josef Wiesehöfer, Das frühe Persien (München 52015).

Engelbert Winter u. Beate Dignas, Rom und das Perserreich. Zwei Weltmächte zwischen Konfrontation und Koexistenz (Berlin 2001).

Anna Maria Wittke, Eckart Olshausen u. Richard Szydlak, Historischer Atlas der antiken Welt. Der Neue Pauly Supplement 3 (Stuttgart 2012) 216–217.

KAPITEL 3: DIE GERMANENEINFÄLLE UM 233 N. CHR.

Susanne Biegert u. Bernd Steidl, Ein Keramikhändler im *vicus* des Limeskastells Oberflorstadt. Terra Sigillata und lokale Warengruppen des 3. Jahrhunderts n. Chr. In: Bernd Liesen (Hrsg.), Terra Sigillata in den germanischen Provinzen. Xantener Berichte 20 (Mainz 2011) 221–332, bes. 273–292.

Wolfgang Czysz, Heldenbergen in der Wetterau. Feldlager, Kastell, Vicus. Limesforschungen 27 (Mainz 2003).

Historisches Museum der Pfalz (Hrsg.), Der Barbarenschatz. Geraubt und im Rhein versenkt (Speyer 32015).

Hans-Jörg Kellner, Das Schicksalsjahr 233. In: Wolfgang Czysz, Karlheinz Dietz, Thomas Fischer u. Hans-Jörg Kellner (Hrsg.) Die Römer in Bayern (Stuttgart 1995) 321–327.

Hans-Günther Simon u. Heinz-Jürgen Köhler, Ein Geschirrdepot des 3. Jahrhunderts. Grabungen im Lagerdorf des Kastells Langenhain. Materialien zur Römisch-Germanischen Keramik 11 (Bonn 1992).

Bernd Steidl, Welterbe Limes. Roms Grenze am Main. Ausstellungskataloge der Archäologischen Staatssammlung 36 (München 2008).
Friedrich Winkelmann, Das Kastell Pfünz. ORL B VII Nr. 73 (Heidelberg 1901).

KAPITEL 4: AM VORABEND DES GERMANIENFELDZUGES

S. Aurelius Victor, Caes. 24,4. Die römischen Kaiser. Liber de Caesaribus. Herausgegeben, übersetzt und erläutert von Kirsten Groß-Albenhausen u. Manfred Fuhrmann (Düsseldorf / Zürich 1997).
Herodian 6, 7, 6 bis 6, 9, 8. Übersetzung nach Wolfgang Oskar Schmitt u. Hansulrich Labuske. In: Joachim Herrmann (Hrsg.), Griechische und lateinische Quellen zur Frühgeschichte Mitteleuropas bis zur Mitte des 1. Jahrtausends u. Z. 3. Teil (Berlin 1991).
Historia Augusta, Severus Alexander 59,1 bis 63, 6. Übersetzung im Text 61, 2–6 nach Ernst Hohl, Historia Augusta. Römische Herrschergestalten 1 (München 1976).
Astrid Böhme-Schönberger, Wurde Alexander Severus in Bretzenheim ermordet? Mainzer Zeitschrift 99, 2004, 11–16.
Korana Deppmeyer, Severus Alexander – der letzte severische Kaiser am Vorabend des Feldzuges nach Germanien. In: Heike Pöppelmann, Korana Deppmeyer u. Wolf-Dieter Steinmetz (Hrsg.), Roms vergessener Feldzug. Die Schlacht am Harzhorn (Darmstadt 2013) 87–94.
Thomas Fischer, Die Soldaten des Maximinus Thrax. Die Einheiten und ihre Bewaffnung. In: Heike Pöppelmann, Korana Deppmeyer u. Wolf-Dieter Steinmetz (Hrsg.), Roms vergessener Feldzug. Die Schlacht am Harzhorn (Darmstadt 2013) 198–206.
Helmut Halfmann, Itinera principum. Geschichte und Typologie der Kaiserreisen im römischen Reich. Heidelberger Beiträge und Epigraphische Studien 2 (Stuttgart 1986).
Ronald Knöchlein, Ad urbem, quam Mogontiacum veteres appellarunt: Vom Legionslager Mainz zu den Anfängen der Stadt im Mittelalter. In: Michaela Konrad u. Christian Witschel, Römische Legionslager in den Rhein- und Donauprovinzen – Nuclei spätantik-frühmittelalterlichen Lebens? Bayerische Akademie der Wissenschaften. Philosophisch-Historische Klasse, Abhandlungen, Neue Folge 138 (München 2011) 265–286.
Leonhard Schumacher, Die Sicilia in Mainz-Bretzenheim. Mainzer Zeitschrift 99, 2004, 1–10.

Rainer Wiegels, Reiter Roms an Germaniens Grenzen im frühen 3. Jh. n. Chr. In: Heike Pöppelmann, Korana Deppmeyer u. Wolf-Dieter Steinmetz (Hrsg.), Roms vergessener Feldzug. Die Schlacht am Harzhorn (Darmstadt 2013) 235–241.

Rainer Wiegels, Tribunus legionis IIII (Italicae)? – Zu einer Notiz in der *Historia Augusta* und zur Vita des Maximinus Thrax vor seiner Kaisererhebung. Klio 94, 2012.2, 436–461.

KAPITEL 5: DER FELDZUG DES MAXIMINUS THRAX IM JAHR 235 N. CHR.

Herodian 7,1,4–8; 7,2, 1–9; 7,3,1; 7,8,4–5, 10; 8,1,3. Übersetzung nach Wolfgang Oskar Schmitt u. Hansulrich Labuske in Joachim Herrmann (Hrsg.), Griechische und lateinische Quellen zur Frühgeschichte Mitteleuropas bis zur Mitte des 1. Jahrtausends u. Z. 3. Teil (Berlin 1991).

Historia Augusta, Maxim. 10,1–2; 11,7–12,6; 13,3–4 nach Klaus-Peter Johne. In: Joachim Herrmann (Hrsg.), Griechische und lateinische Quellen zur Frühgeschichte Mitteleuropas bis zur Mitte des 1. Jahrtausends u. Z. 4. Teil (Berlin 1992).

Tacitus, Germania 4: Übersetzung nach Gerhard Priel. In: Joachim Herrmann (Hrsg.), Griechische und lateinische Quellen zur Frühgeschichte Mitteleuropas bis zur Mitte des 1. Jahrtausends u. Z. 2. Teil (Berlin 1990).

Armin Becker, Rom und die Chatten. Quellen und Forschungen zur hessischen Geschichte 88 (Darmstadt / Marburg 1992).

Matthias Becker, Untersuchungen zur römischen Kaiserzeit zwischen südlichem Harzrand, Thüringer Becken und weißer Elster. Veröffentlichungen des Landesamtes für Denkmalpflege Sachsen-Anhalt, Landesmuseum für Vorgeschichte 48 (Halle 1996).

Matthias Becker, Jan Bemmann, Rudolf Laser, Rosemarie Leineweber, Berthold Schmidt, Erika Schmidt-Thielbier u. Ingrid Wetzel, Corpus der römische Funde im Barbaricum, Deutschland 6, Land Sachsen-Anhalt (Bonn 2006).

Frank Berger, Felix Bittmann, Michael Geschwinde, Petra Lönne, Michael Meyer u. Günther Moosbauer, Die römisch-germanische Auseinandersetzung am Harzhorn (Ldkr. Northeim, Niedersachsen). Germania 88, 2010, 372–382.

Susanne Biegert u. Bernd Steidl, Ein Keramikhändler im Vicus des Limeskastells Ober-Florstadt. Terra Sigillata und lokale Warengruppen des 3. Jahrhunderts n. Chr. In: Bernd Liesen (Hrsg.), Terra Sigillata in den germanischen Provinzen. Xantener Berichte 20 (Mainz 2011) 221–332.

Jens Fuhrmann u. Wolf-Dieter Steinmetz, «Nach seiner Ankunft ließ er das ganze Land verheeren…». Germanische Besiedlung entlang des römischen Marschweges. In: Heike Pöppelmann, Korana Deppmeyer u. Wolf-Dieter Steinmetz (Hrsg.), Roms vergessener Feldzug. Die Schlacht am Harzhorn (Darmstadt 2013) 135–141.

Fabian Gall, Siedlungen der Römischen Kaiser- und Völkerwanderungszeit in der westlichen Altmark. Veröffentlichungen des Landesamtes für Denkmalpflege Sachsen-Anhalt, Landesmuseum für Vorgeschichte 65 (Halle 2012).

Michael Geschwinde, Petra Lönne u. Michael Meyer, Das Harzhorn-Ereignis. Die Archäologie einer römisch-germanischen Konfrontation. In: Heike Pöppelmann, Korana Deppmeyer u. Wolf-Dieter Steinmetz (Hrsg.), Roms vergessener Feldzug. Die Schlacht am Harzhorn (Darmstadt 2013) 294–347.

Markus Junkelmann, Die Legionen des Augustus (Mainz [5]1991).

Jürgen Kneipp u. Mathias Seidel, Die Chatten. Ein germanischer Stamm im Spiegel der archäologischen Funde. In: Dorothea Rohde u. Helmut Schneider (Hrsg.), Hessen in der Antike. Die Chatten vom Zeitalter der Römer bis zur Alltagskultur der Gegenwart (Kassel 2006) 37–69.

Mario Küßner u. Tim Schüler, Truppen in Thüringen. Nordöstlichste römische Militäranlage entdeckt. Archäologie in Deutschland 3/2014, 6.

Jörg Lindenthal, Die ländliche Besiedlung der nördlichen Wetterau in römischer Zeit. Materialien zur Vor- und Frühgeschichte von Hessen 23 (Wiesbaden 2007).

Michael Meyer, Die kaiserzeitliche Besiedlung des Amöneburger Beckens. Berichte der Kommission für archäologische Landesforschung in Hessen 2, 1992/93, 87–98.

Gerhard Mildenberger, Römerzeitliche Siedlungen in Nordhessen. Kasseler Beiträge zur Vor- und Frühgeschichte 3 (Marburg 1972).

Hans-Jörg Nüsse, Germanien im 3. Jh. n. Chr. Eine Zeit des Wandels. In: Heike Pöppelmann, Korana Deppmeyer u. Wolf-Dieter Steinmetz (Hrsg.), Roms vergessener Feldzug. Die Schlacht am Harzhorn (Darmstadt 2013) 126–134.

Andreas Rau, Die germanischen Krieger und ihre Bewaffnung im 3. Jh. n. Chr. In: Heike Pöppelmann, Korana Deppmeyer u. Wolf-Dieter Steinmetz (Hrsg.), Roms vergessener Feldzug. Die Schlacht am Harzhorn (Darmstadt 2013) 172–179.

Hans Schönberger, Die römischen Truppenlager der frühen und mittleren Kaiserzeit zwischen Nordsee und Inn. Bericht der Römisch-Germanischen Kommission 66, 1985, 322–497 mit Beilagen 4–8.

Bernd Steidl, Die Wetterau vom 3. bis 5. Jahrhundert n. Chr. Materialien zur Vor- und Frühgeschichte von Hessen 22 (Wiesbaden 2000).

Rainer Wiegels, Günther Moosbauer, Michael Meyer, Petra Lönne u. Michael Geschwinde, Eine römische Dolabra mit Inschrift aus dem Umfeld des Schlachtfeldes am Harzhorn (Lkr. Northeim) in Niedersachsen. Archäologisches Korrespondenzblatt 41, 2011, 561–570.

KAPITEL 6: ZURÜCK IN MAINZ

Herodian 7,2,8. Übersetzung nach Wolfgang Oskar Schmitt u. Hansulrich Labuske. In: Joachim Herrmann (Hrsg.), Griechische und lateinische Quellen zur Frühgeschichte Mitteleuropas bis zur Mitte des 1. Jahrtausends u. Z. 3. Teil (Berlin 1991).

Historia Augusta, Maxim. duo 12,5–12,6 nach Klaus-Peter Johne. In: Joachim Herrmann (Hrsg.), Griechische und lateinische Quellen zur Frühgeschichte Mitteleuropas bis zur Mitte des 1. Jahrtausends u. Z. 4. Teil (Berlin 1992).

Frank Berger, Felix Bittmann, Michael Geschwinde, Petra Lönne, Michael Meyer u. Günther Moosbauer, Die römisch-germanische Auseinandersetzung am Harzhorn (Ldkr. Northeim, Niedersachsen). Germania 88, 2010, 372–382.

Sebastian Gairhos, Stadtmauer und Tempelbezirk von SVMELOCENNA. Die Ausgrabungen 1995–1999 in Rottenburg am Neckar, Flur «Am Burggraben». Forschungen und Berichte zur Vor- und Frühgeschichte in Baden-Württemberg 104 (Stuttgart 2008), bes. 108–120.

Michael Geschwinde u. Günther Moosbauer, *Dis Manibus*. Auf den Spuren der Toten der *expeditio Germanica* 235/236 n. Chr. In: Heike Pöppelmann, Korana Deppmeyer u. Wolf-Dieter Steinmetz (Hrsg.), Roms vergessener Feldzug. Die Schlacht am Harzhorn (Darmstadt 2013) 352–357.

Thomas Grane, Römische Schriftquellen und Ethnographie Germaniens. In: Lars Jørgensen, Birger Storgaard u. Lone Gebauer Thomsen (Red.), Sieg und Triumph. Der Norden im Schatten des römischen Reiches (Gylling 2003) 126–147.

Klaus-Peter Johne, Die Römer an der Elbe. Das Stromgebiet der Elbe im geographischen Weltbild und im politischen Bewusstsein der griechisch-römischen Antike (Berlin 2006), bes. 261–264.

Jörg Lindenthal, Die ländliche Besiedlung der nördlichen Wetterau in römischer Zeit. Materialien zur Vor- und Frühgeschichte von Hessen 23 (Wiesbaden 2007).

Hans-Jörg Nüsse, Germanien im 3. Jh. n. Chr. Eine Zeit des Wandels. In: Heike Pöppelmann, Korana Deppmeyer u. Wolf-Dieter Steinmetz (Hrsg.), Roms vergessener Feldzug. Die Schlacht am Harzhorn (Darmstadt 2013) 126–134.

Andreas Rau, Die germanischen Krieger und ihre Bewaffnung im 3. Jh. n. Chr. In: Heike Pöppelmann, Korana Deppmeyer u. Wolf-Dieter Steinmetz (Hrsg.), Roms vergessener Feldzug. Die Schlacht am Harzhorn (Darmstadt 2013) 172–179.

Marcus Reuter, Der Wiederaufbau des obergermanisch-raetischen Limes unter Maximinus Thrax. In: Nicolae Gudea (Hrsg.), Roman Frontier Studies. Proceedings of the XVIIth International Congress of Roman Frontier Studies (Zalau 1999) 533–537.

Egon Schallmayer, Geschehnisse und Maßnahmen nach dem Schicksalsjahr am Limes: 233 n. Chr. In: Varus-Kurier 13 (ist gleich 17. Jahrgang, Heft 1), 2011, 18–21.

Egon Schallmayer, Zum römischen Namen von Dieburg. Germania 1981, 307–319.

Hans Schönberger, Die römischen Truppenlager der frühen und mittleren Kaiserzeit zwischen Nordsee und Inn. Bericht der Römisch-Germanischen Kommission 66, 1985, 322–497 mit Beilagen 4–8.

Bernd Steidl, Die Wetterau vom 3. bis 5. Jahrhundert n. Chr. Materialien zur Vor- und Frühgeschichte von Hessen 22 (Wiesbaden 2000).

Birger Storgaard, Kosmopolitische Aristokraten. In: Lars Jørgensen, Birger Storgaard u. Lone Gebauer Thomsen (Red.), Sieg und Triumph. Der Norden im Schatten des römischen Reiches (Gylling 2003) 106–125.

Armin U. von Stylow, Ein neuer Meilenstein des Maximinus Thrax in Sardinien und die Straße Karales – Olbia. Chiron 4, 1974, 515–532.

Rainer Wiegels, Die Reitergrabstele aus Stuttgart-Bad Cannstatt. In: Heike Pöppelmann, Korana Deppmeyer u. Wolf-Dieter Steinmetz (Hrsg.), Roms vergessener Feldzug. Die Schlacht am Harzhorn (Darmstadt 2013) 358.

KAPITEL 7: VERÄNDERUNGEN IM BARBARICUM

Matthias Becker, Das Fürstengrab von Gommern. Veröffentlichungen des Landesamtes für Denkmalpflege und Archäologie Sachsen-Anhalt – Landesmuseum für Vorgeschichte 63/I-II (Halle/Saale 2010).

Matthias Becker, Germanische Eliten der späten römischen Kaiserzeit. In: VA-

RUSSCHLACHT im Osnabrücker Land GmbH (Hrsg.), 2000 Jahre Varusschlacht. Konflikt (Stuttgart 2009) 358–369.
Ruth Blankenfeldt, Das Thorsberger Moor 2, Die persönlichen Ausrüstungen (Schleswig 2015).
Claus von Carnap-Bornheim (Hrsg.), Das Thorsberger Moor 4. Fund- und Forschungsgeschichte, naturwissenschaftliche und materialkundliche Untersuchungen (Schleswig 2014) bes. 423–441.
Stefanie Dick, Germanische Eliten in den antiken Schriftquellen. In: VARUSSCHLACHT im Osnabrücker Land GmbH (Hrsg.), 2000 Jahre Varusschlacht. Konflikt (Stuttgart 2009) 320–325.
H. J. Eggers, Lübsow. Ein germanischer Fürstensitz der älteren Kaiserzeit. Prähistorische Zeitschrift 34/35, 1949/1950, 58–111.
Michael Gebühr, Reiche Bauern oder Fürsten? Germanische Eliten in der älteren Römischen Kaiserzeit. In: VARUSSCHLACHT im Osnabrücker Land GmbH (Hrsg.), 2000 Jahre Varusschlacht. Konflikt (Stuttgart 2009) 342–355.
Jørgen Ilkjær, Dänische Kriegsbeuteopfer. In: Lars Jørgensen, Birger Storgaard u. Lone Gebauer Thomsen (Red.), Sieg und Triumph. Der Norden im Schatten des römischen Reiches (Gylling 2003) 44–65.
Erik Jørgensen u. Peter Vang Petersen, Das Nydam Moor. Neue Funde und Beobachtungen. In: Lars Jørgensen, Birger Storgaard u. Lone Gebauer Thomsen (Red.), Sieg und Triumph. Der Norden im Schatten des römischen Reiches (Gylling 2003) 258–284.
Nina Lau, Das Thorsberger Moor 1. Die Pferdegeschirre. Germanische Zaumzeuge und Sattelgeschirre als Zeugnisse kriegerischer Reiterei im mittel- und nordeuropäischen Barbaricum (Schleswig 2014).
Babette Ludowici, Auf der Spur des Luxus. Die Suche nach den germanischen Eliten des 3. Jhs. n. Chr.. In: Heike Pöppelmann, Korana Deppmeyer u. Wolf-Dieter Steinmetz (Hrsg.), Roms vergessener Feldzug. Die Schlacht am Harzhorn (Darmstadt 2013) 162–166.
Hans-Jörg Nüsse, Germanien im 3. Jh. n. Chr. Eine Zeit des Wandels. In: Heike Pöppelmann, Korana Deppmeyer u. Wolf-Dieter Steinmetz (Hrsg.), Roms vergessener Feldzug. Die Schlacht am Harzhorn (Darmstadt 2013) 126–134.
Hans-Jörg Nüsse, Marwedel – Neue Ergebnisse zu den Ausgrabungen eines kaiserzeitlichen ‹Fürstensitzes›. TÜVA (Tübinger Verein zur Förderung der Ur- und Frühgeschichtlichen Archäologie) Mitteilungen 13, 2012, 69–83.
Xenia Pauli Jensen, Der Moorfund aus Vimose. In: Lars Jørgensen, Birger

Storgaard u. Lone Gebauer Thomsen (Red.), Sieg und Triumph. Der Norden im Schatten des römischen Reiches (Gylling 2003) 224–238.
Xenia Pauli Jensen, Lars Jørgensen u. Ulla Lund Hansen, Das germanische Heer. Krieger, Soldaten und Offiziere. In: Lars Jørgensen, Birger Storgaard u. Lone Gebauer Thomsen (Red.), Sieg und Triumph. Der Norden im Schatten des römischen Reiches (Gylling 2003) 310–328.
Suzana Matešić, Das Thorsberger Moor 3,1–2. Die militärischen Ausrüstungen. Vergleichende Untersuchungen zur römischen und germanischen Bewaffnung (Schleswig 2015).
Jaroslav Peška und Jaroslav Tejral, Das germanische Königsgrab von Mušov in Mähren. Teil 1–3. Römisch-Germanisches Zentralmuseum, Monographien 55,1–3 (Mainz 2002).
Helga Schach-Dörges, Die Bodenfunde des 3. bis 6. Jahrhunderts zwischen unterer Elbe und Oder. Offa-Bücher 23 (Neumünster 1970).
Walther Schulz, Das Fürstengrab von Haßleben (Berlin / Leipzig 1931).
Walther Schulz, Leuna. Ein germanischer Bestattungsplatz der spätrömischen Kaiserzeit (Berlin 1953).
Heiko Steuer, Archäologie der Gefolgschaft. In: VARUSSCHLACHT im Osnabrücker Land GmbH (Hrsg.), 2000 Jahre Varusschlacht. Konflikt (Stuttgart 2009) 309–318.
Hans-Ulrich Voß, Eine frühe Dynastie in Mecklenburg. Fürstengräber der älteren Römischen Kaiserzeit von Hagenow. In: VARUSSCHLACHT im Osnabrücker Land GmbH (Hrsg.), 2000 Jahre Varusschlacht. Konflikt (Stuttgart 2009) 352–355.

KAPITEL 8: DAS ENDE DES MAXIMINUS THRAX

Herodian 7, 2–9. Herodian. History of the Empire Books 5–8 with an English translation by C. R. Whittaker. Loeb Classical Library 455 (London 1970).
Historia Augusta, Maxim. 13,3 nach Klaus-Peter Johne. In: Joachim Herrmann (Hrsg.), Griechische und lateinische Quellen zur Frühgeschichte Mitteleuropas bis zur Mitte des 1. Jahrtausends u. Z. 4. Teil (Berlin 1992).
Michael Alram, Die Münzprägung des Kaisers Maximinus I. Thrax. Moneta Imperii Romani 27 (Wien 1989).
Korana Deppmeyer, Vom Germanicus maximus zum Staatsfeind. In: Heike Pöppelmann, Korana Deppmeyer u. Wolf-Dieter Steinmetz (Hrsg.), Roms vergessener Feldzug. Die Schlacht am Harzhorn (Darmstadt 2013) 359–364.

Franz Glaser u. Erwin Pochmarski, Aquileia. Der archäologische Führer (Darmstadt / Mainz 2012).
Karen Haegemans, Imperial Authority and Dissent: The Roman Empire in AD 235–238. Studia Hellenistica 47 (Löwen 2010), bes. 113–195.
Ulrich Huttner, Vom Machtantritt des Maximinus Thrax bis Aemilianus. In: Klaus-Peter Johne u. a. (Hrsg.), Die Zeit der Soldatenkaiser, Band 1 (Berlin 2008) 161–178, bes. 161–178.
Yann Le Bohec, La troisième Légion Auguste (Paris 1989).
Giovanni Lettich, Itinerari epigrici aquileiesi: guida alle epigrafi esposte nel Museo archeologico nazionale di Aquileia Antichità altroadriatiche 50 (Trieste 2003) Nr. 10.
Ivana Popović, *Sirmium* (Sremska Mitrovica) – Residenzstadt der römischen Kaiser und Stätte der frühen Christen. In: Ulrich Brandl u. Miloje Vasić, Roms Erbe auf dem Balkan. Spätantike Kaiservillen und Stadtanlagen in Serbien (Mainz 2007) 17–32.
Michael P. Speidel, The Army at Aquileia, the Moesiaci Legion, and the Shield Emblems in the Notitia Dignitatum. Saalburg Jahrbuch 45, 1990, 68–69.
Jaroslav Šašel u. Peter Petru (Hrsg.), Claustra Alpium Iuliarum I., Fontes. Katalogi in Monografije 1. (Ljubljana 1971).

KAPITEL 9: NACH MAXIMINUS: EINE BELASTUNGSPROBE FÜR DAS REICH

Ammianus Marcellinus, Band 3. Hrsg. und übersetzt von John C. Rolf. Loeb Classical Library (London / Cambridge, Mass., Reprint 1958).
Sextus Aurelius Victor, Die römischen Kaiser. Liber de Caesaribus. Herausgegeben, übersetzt und erläutert von Kirsten Groß-Albenhausen u. Manfred Fuhrmann (Düsseldorf / Zürich 1997).
Dexippos, Übersetzung nach Hansulrich Labuske. In: Joachim Hermann (Hrsg.), Griechische und lateinische Quellen zur Frühgeschichte Mitteleuropas bis zur Mitte des 1. Jahrtausends u. Z. 3. Teil. Von Tacitus bis zu Ausonius (2. bis 4. Jh. u. Z.) 355–365.
Historia Augusta, Band 3. Hrsg. und übersetzt von David Magie. Loeb Classical Library (London / Cambridge, Mass., Reprint 1998).
Historia Augusta, Aurelian und Probus. Übersetzung nach Klaus-Peter Johne. In: Joachim Hermann (Hrsg.), Griechische und lateinische Quellen zur Frühgeschichte Mitteleuropas bis zur Mitte des 1. Jahrtausends u. Z. 4. Teil. Von Ammianus Marcellinus bis zu Zosimus (4. und 5. Jh. u. Z.) (Berlin 1992) 210–213, 215–219.

Iordanis, Romana et Getica. Herausgegeben von Theodor Mommsen. Monumenta Germaniae Historica. Auctorum Antiquissimorum Tomi V Pars Prior (Neuauflage, Berlin 1961 nach 1882).

Ioannis Zonarae Epitome historiarum III. Herausgegeben von Ludovicus Dindorfius (Leipzig 1870). Vgl: http://reader.digitale-sammlungen.de/de/fs1/object/display/bsb11264616_00005.html – online abgerufen am 23.1.2018.

Zosimos, Neue Geschichte. Bibliothek der griechischen Literatur 31. Übersetzt von Otto Veh, erläutert von Stefan Rebenich (Stuttgart 1990).

Andreas Alföldi, Studien zur Geschichte der Weltkrise des 3. Jahrhunderts nach Christus (Darmstadt 1967).

Lothar Bakker, Raetien unter Postumus – Das Siegesdenkmal einer Juthungenschlacht im Jahre 260 n. Chr. aus Augsburg. Germania 71, 1993, 369–386.

Lothar Bakker, Der Augsburger Siegesaltar. In: Imperium Romanum. Römer, Christen, Alamannen – Die Spätantike am Oberrhein (Stuttgart 2005) 96–101.

Tilmann Bechert, Germania Inferior. Eine Provinz an der Nordgrenze des römischen Reiches (Mainz 2007).

Helmut Bernhard, Germaneneinfälle im 3. Jahrhundert in Obergermanien. In: Historisches Museum der Pfalz Speyer (Hrsg.), Der Barbarenschatz (Darmstadt ^{3}2015) 18–23.

Helmut Bernhard, Der Hortfund von Neupotz. In: Historisches Museum der Pfalz Speyer (Hrsg.), Der Barbarenschatz (Darmstadt ^{3}2015) 72–75.

Helmut Bernhard u. Richard Petrovsky, Die Beutehorte aus dem Rhein – Eine Schlussbetrachtung. In: Historisches Museum der Pfalz Speyer (Hrsg.), Der Barbarenschatz (Darmstadt ^{3}2015) 202–207.

Bruno Bleckmann, Die Reichskrise des III. Jahrhunderts in der spätantiken und byzantinischen Geschichtsschreibung (München 1992).

Aleksander Bursche, The Battle of Abritus. The imperial Treasury and Aurei in Barbaricum. The Numismatic Chronicle. The Journal of the Royal Numismatic Society 173, 2013, 151–170.

Gerhard Fingerlin, Von den Römern zu den Alamannen. Neue Herren im Land. In: Imperium Romanum. Roms Provinzen an Neckar, Rhein und Donau (Esslingen am Neckar 2005) 452–462.

Dieter Geuenich, Geschichte der Alamannen (Stuttgart 2004).

Joachim Gorecki, Ein Münzspektrum aus der Zeit des Kaisers Probus? In: Historisches Museum der Pfalz Speyer (Hrsg.), Der Barbarenschatz (Darmstadt ^{3}2015) 80–84.

Nicolae Gudea, Der untermoesische Donaulimes und die Verteidigung der moesischen Nord- und Westküste des Schwarzen Meeres. Limes et litus Moesiae Inferioris (86–275 n. Chr.). Jahrbuch Römisch-Germanisches Zentralmuseum 52, 2005, 319–566.

Nicolae Gudea u. Thomas Lobüscher, Dacia. Eine römische Provinz zwischen Karpaten und Schwarzem Meer (Mainz 2006).

Stijn Heeren, The theory of ‹Limesfall› and the material culture of the late 3rd century. Germania 94, 2016, 185–209.

Ursula Heimberg, Germaneneinfälle des 3. Jahrhunderts in Niedergermanien. In: Historisches Museum der Pfalz Speyer (Hrsg.) Der Barbarenschatz (Darmstadt ³2015) 44–51.

Alexander Heising, Mogontiacum/Mainz im dritten Viertel des 3. Jahrhunderts. Ein quellenkritischer Forschungsbericht. In: Th. Fischer (Hrsg.), Die Krise des 3. Jahrhunderts n. Chr. und das Gallische Sonderreich (Wiesbaden 2012) 151–196.

Philip Huyse, Die dreisprachige Inschrift Šabuhrs I. an der Ka'ba-i Zardušt (ŠKZ), Band 1–2. Corpus Inscriptionum Iranicarum 3, Pahlavi inscriptions (London 1999).

Klaus-Peter Johne (Hrsg.), Die Zeit der Soldatenkaiser. Krise und Transformation des Römischen Reiches im 3. Jahrhundert n. Chr. (235–284). 2 Bände (Berlin 2008).

Dietmar Kienast, Römische Kaisertabelle. Grundzüge einer Kaiserchronologie (Gallienus bis Constantin I.) (Darmstadt ³2004) 218–309.

Ernst Künzl, Die Alamannenbeute aus dem Rhein bei Neupotz, Teile 1 bis 4. Monographien des Römisch-Germanischen Zentralmuseums 34,1–4 (Mainz 1993).

Hans Ulrich Nuber, Zeitenwende rechts des Rheins. Rom und die Alamannen. In: Karlheinz Fuchs, Martin Kempa, Rainer Redies (Red.), Die Alamannen (Stuttgart 1997) 59–68.

Hans Ulrich Nuber, Staatskrise im 3. Jahrhundert. Die Aufgabe der rechtsrheinischen Gebiete. In: Archäologisches Landesmuseum Baden Württemberg Imperium Romanum. Roms Provinzen an Neckar, Rhein und Donau (Esslingen am Neckar 2005) 442–451.

Bernd Päffgen, Köln und sein Umland zur Zeit der Soldatenkaiser (235–285 n. Chr.) besonders im Hinblick auf das Gallische Sonderreich. In: Th. Fischer (Hrsg.), Die Krise des 3. Jahrhunderts n. Chr. und das Gallische Sonderreich (Wiesbaden 2012) 97–150.

Richard Petrovsky, Beschreibung und Zusammensetzung des Hortes von Neupotz. In: Der Barbarenschatz (Darmstadt ³2015) 44–51.

Richard Petrovsky, Der Hortfund von Hagenbach. In: Der Barbarenschatz (Darmstadt ^{3}2015) 192–195.
Galena Radoslavova, Georgi Dzanev u. Nikolay Nikolov, The Battle of Abritus in AD 251: Written Sources, Archaeological and Numismatic Data. Archeologia Bulgarica 15.3, 2011, 23–49.
Marcus Reuter, Das Ende des raetischen Limes im Jahr 254 n. Chr. Bayerische Vorgeschichtsblätter 72, 2007, 77–149.
Marcus Reuter, Das Ende des obergermanischen Limes. Forschungsperspektiven und offene Fragen. In: Thomas Fischer (Hrsg.), Die Krise des 3. Jahrhunderts n. Chr. und das Gallische Sonderreich (Wiesbaden 2012) 307–323.
Engelbert Winter u. Beate Dignas, Rom und das Perserreich. Zwei Weltmächte zwischen Konfrontation und Koexistenz (Berlin 2001).
Herwig Wolfram, Die Goten. Von den Anfängen bis zur Mitte des sechsten Jahrhunderts (München ^{5}2009).

AUSBLICK UND RESÜMEE

Panegyrici Latini, Lobreden auf römische Kaiser, Bände 1–2. Eingeleitet, übersetzt und kommentiert von Brigitte Müller Rettig (Darmstadt 2008 / Band 1 und 2014 / Band 2).
Norbert Hanel, Literaturbericht zum römischen Militärlager Divitia / Köln-Deutz, zur römischen Rheinbrücke und zur Abteikirche St. Heribert. Kölner Jahrbuch 40, 2007, 429–452.
Klaus-Peter Johne, Die Römer an der Elbe (Berlin 2006).

BILDNACHWEIS

Vorsatz, 1, 4, 10, 20, 22 © Peter Palm, Berlin.

2 © Peter Palm. Nach Sebastian Sommer, Out of Africa? – A new line of the eastern Raetian Limes in the middle of the 3rd century and legio III Augusta … In: Lyudmil Vagalinski u. Nicolaus Sharankov (Hrsg.), Limes XXII. Proceedings of the 22nd International Congress of Roman Frontier Studies Ruse, Bulgaria, September 2012 (= Bulletin of the National Archaeological Institute XLII, 2015) (Sofia 2015) 53–63.

3 © Peter Palm. Nach Hartwin Brandt u. Frank Kolb, Lycia et Pamphylia. Eine Provinz im Südwesten Kleinasiens. Orbis Provinciarum (Mainz 2005) 7 Abb. 4d.

5 Rekonstruktion: Gäubodenmuseum Straubing in Verbindung mit der Arctron 3D GmbH.

6 https://commons.wikimedia.org/wiki/File:Column_of_Marcus_Aurelius_-_detail2.jpg, Creative-Commons-Lizenz «Namensnennung 3.0 nicht portiert» lizenziert. Autor: Barosaurus Lentus.

7 Landesamt für Denkmalpflege im RP Stuttgart (Grafik H. Fischer, Ranger-Design).

8 © Peter Palm. Nach Anne-Maria Wittke, Eckart Olshausen und Richard Szydlak, Historischer Atlas der antiken Welt. Der Neue Pauly, Sonderausgabe (Stuttgart / Weimar 2012) 217.

9 © Peter Palm. Nach Susanne Biegert u. Bernd Steidl, Ein Keramikhändler im *vicus* des Limeskastell Ober-Florstadt. Terra Sigillata und lokale Warengruppen des 3. Jahrhunderts n. Chr. In: Bernd Liesen, Terra Sigillata in den germanischen Provinzen. Xantener Berichte 20 (Mainz 2011) 279 Abb. 24.

11 Landesamt für Denkmalpflege und Archäologie Sachsen-Anhalt, Andrea Hörentrup.

12, 14 National Geographic Deutschland. Abb. 12 Kartierung Ralph Bitter. Mit freundlicher Genehmigung von Siebo Heinken.

13 © Peter Palm. Kartierung nach Michael Geschwinde, Niedersächsisches Landesamt für Denkmalpflege.

15 Foto: Albert Jungtäubl.

16 © Peter Palm. Nach Niedersächsisches Landesamt für Denkmalpflege/ Michael Geschwinde.

17 © Peter Palm. Nach A. Smadi, Archäologisches Institut der Universität zu Köln in: Thomas Fischer, Die Armee der Caesaren. Archäologie und Geschichte (Regensburg 2012) S. 154 Abb. 184,1.

18 © Peter Palm. Nach Michael Gebühr, Reiche Bauern oder Fürsten? Germanische Eliten der älteren Römischen Kaiserzeit. In: VARUSSCHLACHT im Osnabrücker Land GmbH (Hrsg.), 2000 Jahre Varusschlacht. Konflikt (Stuttgart 2009) 342–351. (© VARUSSCHLACHT im Osnabrücker Land gGmbH / Dirk Fabian, ingraphis).

19 © Peter Palm. Nach Matthias Becker, Germanische Eliten der späten Römischen Kaiserzeit. In: VARUSSCHLACHT im Osnabrücker Land GmbH (Hrsg.), 2000 Jahre Varusschlacht. Konflikt (Stuttgart 2009) 358–369. (© VARUSSCHLACHT im Osnabrücker Land GmbH / Dirk Fabian, ingraphis).

21 https://commons.wikimedia.org/wiki/File:A_rock-face_relief_of_Shapur_I_over_the_Roman_Emperor_Valerian.jpg. Creative Commons Attribution-Share Alike 4.0 International license. Autor: Sahand Ace.

23 © Peter Palm. Nach Marcus Reuter, Das Ende des raetischen Limes im Jahr 254 n. Chr. Bayerische Vorgeschichtsblätter 72, 2007, 134 Abb. 4.

24 © Peter Palm. Nach Helmut Bernhard u. Richard Petrovszky, Die Beutehorte aus dem Rhein – Eine Schlussbetrachtung (Speyer / WBG [3]2015) 205 Abb. 270.

25 © Peter Palm. Nach Helmut Bernhard u. Richard Petrovszky, Die Beutehorte aus dem Rhein – Eine Schlussbetrachtung (Speyer / WBG [3]2015) 204 Abb. 268.

26 © Peter Palm. Nach Hans Ulrich Nuber, Zeitenwende rechts des Rheins. Rom und die Alamannen. In: Die Alamannen (Stuttgart 1997) 59 Abb. 34.

27 Foto: Günther Moosbauer.

REGISTER

NAMEN

(kursiv: Karten, Abbildungen)

GEOGRAPHISCHE BEGRIFFE

AUS DEM VERLAGSPROGRAMM

Geschichte der Germanen und Kelten bei C.H.Beck
Eine Auswahl

Bruno Bleckmann
Die Germanen
Von Ariovist bis zu den Wikingern
2009. 359 Seiten mit 40 Abbildungen und 28 Karten im Text. Gebunden

Alexander Demandt
Die Kelten
8., durchgesehene Auflage. 2015. 128 Seiten mit 13 Abbildungen. Paperback
C.H.Beck Wissen Band 2101

Bernhard Maier
Die Druiden
2009. 127 Seiten mit 10 Abbildungen und 2 Karten. Paperback
C.H.Beck Wissen Band 2466

Bernhard Maier
Die Kelten
Ihre Geschichte von den Anfängen bis zur Gegenwart
3., vollständig überarbeitete und erweiterte Auflage. 2016.
383 Seiten mit 16 Abbildungen und 14 Karten. Gebunden

Günther Moosbauer
Die Varusschlacht
2. Auflage. 2010. 127 Seiten mit 4 Karten und 16 Abbildungen. Paperback
C.H.Beck Wissen Band 2457

Dieter Planck, Andreas Thiel (Hrsg.)
Das Limes-Lexikon
Roms Grenzen von A bis Z
In Zusammenarbeit mit Martin Kemkes, Jürgen Obmann, und Marcus Reuter
2009. 160 Seiten mit 43 Abbildungen und Karten im Text
sowie 2 Karten auf den Umschlaginnenseiten. Paperback
Beck'sche Reihe Band 1836

Verlag C.H.Beck München

Hibernia
Mare Germanicum
Scandia
BRITANNIA
GERMANIA INF.
CHAUKEN
Rhenus
Londinium
LANGOBARDEN
SUGAMBRI
BURGUNDIONEN
Oceanus Britannicus
Vetera
Col. Agrippina
GERMANIA
(Rhein)
CHATTEN
Oceanus Atlanticus
(Reims)
Durocortorum
MARKOMANNEN
Lutetia
(Paris)
Aug. Treverorum (Trier)
Mogontiacum (Mainz)
HERMUNDUREN
QUADEN
(Loire)
LUGDUNENSIS
BELGICA
Argentoratum
(Regensburg)
Reginum
Liger
(Wien)
Vindobona
Mare Cantabricum
Augustodunum
(Autun)
Aug. Vindelicum
(Augsburg)
Vindonissa
AQUITANIA
RAETIA
NORICUM
Virunum
Burdigala
(Bordeaux)
Lugdunum
Vienna
Mediolanum
(Mailand)
Aquileia
Verona
Emona
Iberus
(Ebro)
NARBONENSIS
Tolosa
Genua
Bononia
Siscia
Arelate
Ravenna
Narbo
Massilia
Salamantica
TARRACONENSIS
Pisa
Tagus
(Tajo)
Caesaraugusta
(Saragossa)
Ancona
LUSITANIA
Perusia
Toletum
Dertosa
Tarraco
CORSICA
ITALIA
Mare Adriaticum
Emerita Augusta
Roma
Corfinium
Saguntum
BAETICA
Valentia
Capua
Corduba
Neapolis
Hispalis
(Sevilla)
Munda
Ilici
Baleares I.
SARDINIA
Tarentum
Gades
Malaca
Carthago Nova
Mare Tyrrhenum
Tingis
Mare Internum
Croton
Lixus
Mare Ibericum
Cartanna
Icosium
Messana
Saldae
Hippo Regius
Sala
Rusaddir
Iol
SICILIA
Carthago
Catana
MAURETANIA
(Marokko)
Sitifis
Cirta
Agrigentum
Syracusae
NUMIDIA
Lambaesis
Hadrumetum
Theveste
Thapsus
Melita
GAETULER
Capsa
Thaenae
AFRICA PROCONSULARIS
MUSALAMER
Oea
Lepcis Magna
GARAMANTEN
Römisches Reich
um 160 n. Chr.
Kaiserliche Provinzen
Senatorische Provinzen